Né en 1967 à Tel-Aviv, Etgar Keret est l'auteur de plusieurs recueils de nouvelles. Il est également scénariste de bandes dessinées et réalisateur. Artiste protéiforme, il est très populaire en Israël. Son œuvre est traduite dans plus de vingt-cinq langues.

DU MÊME AUTEUR

La Colo de Kneller
Actes Sud, 2001
et « Babel », n° 1074

Crise d'asthme
Actes Sud, 2002
et « Babel », n° 703

Un homme sans tête
Actes Sud, 2005
et « Babel », n° 958

Pizzeria kamikaze
(illustrations de Asaf Anuka)
Actes Sud, 2008

Pipelines
Actes Sud, 2008

Nouvelles d'Israël
Magellan & Cie, 2008

Une nuit sans Lune
(avec Shira Geffen
illustrations de David Polonski)
Éditions de la Balle, 2010

Au pays des mensonges
Actes Sud, 2011

Incidents au fond de la galaxie
L'Olivier, 2020

POUR LA JEUNESSE

Fou de cirque
(illustrations de Rutu Modan)
Albin Michel-Jeunesse, 2005

L'Enfant chat
(avec Aviel Basil)
Actes Sud Junior, 2014

Etgar Keret

SEPT ANNÉES DE BONHEUR

Traduit de l'anglais (Israël)
par Jacqueline Huet
et Jean-Pierre Carasso

Éditions de l'Olivier

TITRE ORIGINAL
Seven Good Years

ISBN 978-2-7578-9046-2

Première année

Soudain, on remet ça

« Ce que ça peut être flippant, les attentats terroristes, dit l'infirmière fluette à sa collègue plus âgée. Tu veux un chewing ? »

La collègue prend une dragée et hoche la tête. « Qu'est-ce que tu veux qu'on y fasse ? répond-elle. Les urgences aussi c'est flippant si tu vas par là.

– Je te parle pas des urgences », l'infirmière fluette tient à son idée. « Avec les accidents et ces trucs-là y a pas de souci. Moi je te parle des attentats. Ça rend moche tout le reste. »

Sur le banc devant l'entrée de la maternité, je me dis, C'est pas faux, ce qu'elle raconte. Je suis arrivé voilà une heure, tout excité, avec ma femme et un chauffeur de taxi maniaque de la propreté qui n'avait qu'une trouille quand ma femme a perdu les eaux : que ça abîme ses coussins. Et maintenant, assis dans le couloir, je me sens d'une humeur de chien, j'attends que le personnel revienne des urgences. En dehors des deux infirmières ils sont tous allés donner un coup de main pour soigner les victimes de l'attentat. Même les contractions de ma femme ont ralenti, alors… Ça ne m'étonnerait pas que l'enfant lui-même se dise que cette histoire de venue au monde et tout le tremblement n'est pas si pressante en définitive. Sur le chemin de la cafétéria, je croise quelques-uns des blessés qui passent allongés sur des chariots aux roues couinantes. Dans le taxi qui nous a conduits à l'hôpital, ma femme hurlait comme une dingue, alors que tous ces gens-là sont silencieux.

« Vous êtes Etgar Keret ? me demande un mec en chemise à carreaux. L'écrivain ? » Je fais oui de la tête, bien obligé. « Ça alors, c'est quelque chose ! dit-il en tirant de son sac un magnétophone miniature. Vous étiez où quand c'est arrivé ? » Voyant que j'hésite une seconde, il tient à faire montre d'empathie : « Prenez votre temps. Je vous mets pas la pression. Vous avez vécu un truc traumatisant.

– J'y étais pas, dans l'attentat. C'est une coïncidence si je suis ici aujourd'hui. Ma femme accouche.

– Ah, d'accord, lâche-t-il sans même chercher à cacher sa déception, et il enfonce le bouton d'arrêt de son magnétophone. *Mazel tov.* » Du coup il s'assied à côté de moi et allume une cigarette.

« Vous devriez peut-être essayer d'interviewer quelqu'un d'autre, je suggère, dans l'espoir de me débarrasser de la fumée de sa Lucky Strike qu'il me souffle en pleine figure. Y a un instant, j'ai vu passer deux personnes qu'on emmenait en neurologie.

– Des Russes, soupire-t-il. Parlent pas un mot d'hébreu. Et d'ailleurs on laisse entrer personne en neurologie. C'est le septième attentat que je couvre dans cet hôpital. Tous leurs numéros, je les connais par cœur depuis le temps. » Une minute passe pendant laquelle on ne parle pas. Il a dans les dix ans de moins que moi mais un début de calvitie. Quand il surprend mon regard sur lui, il sourit et lance : « C'est vraiment dommage que vous ayez pas vu l'attentat. La réaction d'un écrivain, ç'aurait été bon pour mon papier. Quelqu'un d'original, avec un minimum de vision. Après chaque attentat, j'ai toujours droit aux mêmes réactions : "Soudain, j'ai entendu un grand boum" ; "Je sais pas ce qui s'est passé" ; "Y avait du sang partout." Ça devient vite lassant, vous trouvez pas ?

– C'est pas leur faute, dis-je. C'est tout simplement que les attentats sont toujours pareils. Qu'est-ce que vous voulez qu'on raconte d'original sur une explosion et des morts absurdes ?

– Aucune idée, répond-il avec un haussement d'épaules. C'est vous l'écrivain. »

Des gens en blouse blanche commencent à revenir des urgences sur le chemin de la maternité. « Vous êtes de Tel-Aviv, le reporter me dit, alors pourquoi faire tout ce chemin pour venir accoucher dans ce bled paumé ?

– On voulait un accouchement naturel. Ici, dans le service, ils…

– Naturel ! interrompt-il avec un petit ricanement. Qu'est-ce qu'il peut bien y avoir de naturel à ce qu'un nabot avec un tuyau qui lui sort du nombril émerge du vagin de votre femme ? » Évidemment, je n'essaie même pas de répondre. Il continue : « Moi, j'ai dit à ma femme, "Si tu dois accoucher un jour, ce sera par césarienne, point barre, comme en Amérique. Pas question qu'un chiard te distende et te laisse toute déformée pour moi." De nos jours c'est seulement dans les pays primitifs comme le nôtre que les femmes accouchent comme les bêtes. *Yallah*, faut que j'aille au boulot. » Il va pour se lever mais décide de tenter sa chance une dernière fois. « Peut-être que vous auriez quelque chose à dire de l'attentat malgré tout ? Ça a changé quelque chose pour vous ? Je sais pas, tenez, le prénom que vous allez donner à votre enfant, par exemple. » J'ai un sourire qui veut dire Non, vraiment, je regrette. « Pas de souci, dit-il avec un clin d'œil. J'espère que tout se passera bien, vieux. »

Six heures plus tard, un nabot avec un tuyau qui lui sort du nombril émerge du vagin de ma femme et se met immédiatement à pleurer. J'essaie de le calmer, de le convaincre qu'il n'a aucune raison de s'inquiéter. Quand il sera grand, tout sera arrangé ici, au Proche-Orient : ce sera la paix, il n'y aura plus d'attentats terroristes. Et si par extraordinaire il s'en produisait encore un tous les trente-six du mois, il y aurait toujours quelqu'un d'original, avec un minimum de vision, pour le décrire à la perfection. Ça le fait taire une minute, le temps d'envisager ce qu'il va faire ensuite. Il est censé être naïf – ne serait-ce qu'étymologiquement puisque c'est un nouveau-né – mais même avec lui ça ne prend pas, et après une seconde d'hésitation et un petit hoquet, il se remet à pleurer.

Gros bébé

Quand j'avais sept ans, mes parents m'ont emmené en Europe. Pour moi le meilleur moment du voyage ne fut ni la visite de Big Ben ni celle de la tour Eiffel mais le vol qui nous amena d'Israël à Londres – et plus précisément le repas servi à bord. Sur le plateau, il y avait une minuscule canette de Coca-Cola à côté d'une boîte de corn flakes à peine plus grande qu'un paquet de cigarettes.

Ma surprise devant ces emballages miniatures se mua en véritable ravissement quand je découvris, les ayant ouverts, que le Coca avait le même goût que celui des canettes ordinaires et que les pétales de maïs étaient bien réels, eux aussi. J'aurais du mal à expliquer l'origine exacte de ce ravissement. Après tout il ne s'agit que d'une célèbre boisson trop sucrée et d'une céréale de petit déjeuner dans un conditionnement lilliputien, mais, du haut de mes sept ans, je me sentis témoin d'un pur miracle.

Et voilà que trente ans plus tard, assis dans mon living à Tel-Aviv, je regarde mon fils de deux semaines et j'éprouve exactement le même sentiment : j'ai sous les yeux un homme qui ne pèse pas plus de quatre kilos – mais dont le contenu, colère, ennui, frayeur et sérénité, est le même que celui de tous les autres hommes de notre planète. Tu lui colles un costard trois-pièces, une mini-Rolex et un attaché-case miniature et, lâché dans le monde, il se mettra en un clin d'œil à négocier et à se battre pour remporter des marchés. Il ne parle pas, c'est vrai. Et je dois ajouter qu'il salit ses couches avec un bel entrain. Je suis le premier à reconnaître qu'il lui reste un ou deux trucs à apprendre avant qu'on l'expédie dans l'espace ou qu'on lui permette de piloter un F-16. Mais enfin, sur le plan des principes, c'est un être complet dans un emballage de cinquante centimètres. Et c'est pas n'importe qui, mais une personnalité extrêmement marquée, un original, un excentrique, un personnage. Du genre qu'on respecte sans être sûr de le comprendre entièrement. Parce que, comme toutes les personnalités complexes, quels que soient leur taille ou leur poids, il a de nombreuses facettes.

Mon fils, l'illuminé : moi qui ai beaucoup lu sur le bouddhisme, entendu deux ou trois conférences données par des gourous et même chopé naguère une tourista carabinée en Inde, je m'estime bien placé pour affirmer que mon nouveau-né de fils est le premier illuminé qu'il m'ait été donné de rencontrer. Il vit réellement dans le présent, ignore le ressentiment et la peur de l'avenir. Il n'a pas d'ego. Il ne cherche jamais à défendre son honneur ni à s'attribuer un quelconque mérite. Ce qui n'a pas empêché ses grands-parents de lui ouvrir un compte épargne. Du coup, chaque fois qu'il le berce, bon-papa lui vante l'excellent taux d'intérêt qu'il s'est débrouillé pour lui obtenir et lui fait miroiter le pactole qui sera mis à sa disposition, en tablant sur une inflation à un chiffre, dans vingt et un ans d'ici. Le petit ne répond rien. Mais alors bon-papa entreprend de calculer les pourcentages par rapport au taux de base de la Banque centrale et je remarque quelques petits plis qui apparaissent sur le front de mon fils – ce sont les premières fissures dans le mur de son nirvana.

Mon fils, le junkie : n'en déplaise à tous les accros repentis ou non et malgré tout le respect que j'ai pour eux et pour leurs souffrances, il faut bien dire qu'aucune addiction n'arrive à la cheville de celle de mon fils. Comme tous les vrais accros, quand il s'agit d'occuper ses loisirs, il n'a pas, contrairement à nous autres, gens ordinaires, le choix entre plein d'activités familières – lire un bon bouquin, partir faire une balade sous les étoiles, regarder un match à la télé. Non, pour lui, c'est simple : le sein ou l'enfer. « Tu ne vas pas tarder à découvrir le monde, les meufs, l'alcool, les paris clandestins en ligne », voilà ce que je lui dis, moi, pour essayer de le calmer. Mais en attendant, nous le savons bien, lui et moi, qu'il n'existera rien d'autre que le sein, le sein, le sein. Il a du bol, et moi aussi dans une moindre mesure, puisque sa mère en possède deux. Au pire des cas, si l'un devait tomber en panne, il resterait toujours l'autre.

Mon fils, le psychopathe : parfois la nuit quand je me réveille et que je vois sa petite silhouette s'agiter par saccades à côté de moi dans le lit, comme un lapin bien décidé à user ses piles, tout en émettant d'étranges bruits gutturaux, je ne peux pas m'empêcher de l'imaginer sous les traits de l'horrible poupée Chucky de *Jeu d'enfant*. Ils ont la même taille, le même tempérament, et rien n'est sacré à leurs yeux. C'est ça le plus flippant chez ce nourrisson de deux semaines, mon fils : il n'a pas le moindre sens moral, pas une once. Le racisme, les inégalités, la sécheresse de cœur, les discriminations

– il n'en a rien à cirer. Rien ne l'intéresse au-delà de ses pulsions et de ses désirs immédiats. Pour ce qu'il en a à secouer, les autres peuvent aller se faire voir ou adhérer à Greenpeace. Tout ce qu'il demande c'est un peu de bon lolo et qu'on soulage l'érythème fessier que lui a causé sa couche. Ça suppose qu'on détruise le monde ? Montrez-lui le bouton. Il appuiera dessus sans hésiter une seconde.

Mon fils, le juif antisémite…

« Tu crois pas que ça suffit ? » C'est ma femme qui vient m'interrompre. « Peut-être qu'au lieu d'inventer des accusations délirantes contre ton adorable rejeton, tu pourrais te rendre utile en allant le changer.

– Bon, ça va, je rétorque. D'accord. D'ailleurs j'avais presque fini… »

Tac au tac

J'éprouve une vraie admiration pour les démarcheurs qui savent écouter. Qui essaient de comprendre votre humeur avant de vous infliger leur boniment. C'est pourquoi, quand Devora de YES, la télé par satellite, appelle et demande si le moment est bien choisi pour me parler, je commence par la remercier chaleureusement de sa considération. Puis j'ajoute poliment que non, hélas, le moment n'est pas bien choisi.

Il y a une minute je suis tombé dans un trou et je me suis blessé au front et au pied, « Alors bien sûr, c'est pas le moment idéal, j'explique.

– Je comprends, dit Devora. Quand pourrons-nous bavarder ? Dans une heure, ça ira ?

– Je n'en suis pas trop sûr. J'ai dû me casser la cheville en tombant, et le trou est assez profond, je doute de pouvoir m'en sortir tout seul et sans aide. Ce qui fait que ça dépend plutôt du temps qu'il faudra aux secours pour arriver ici et aussi, une fois sur place, de l'éventuelle décision de me plâtrer.

– Il vaut peut-être mieux que je rappelle demain ? elle suggère sans se laisser démonter.

– Oui, je grogne. Demain ça devrait coller. »

« Pourquoi est-ce que t'en fais des tonnes avec cette

histoire de trou ? » C'est ma femme qui m'engueule, assise à côté de moi dans le taxi. Elle n'approuve pas ma stratégie de fuite. C'est la première fois que nous sortons après avoir confié notre fils, Lev, à ma mère, alors elle est un peu sur les nerfs. « Qu'est-ce qui t'empêche de dire "Merci, mais je ne suis intéressé ni par l'achat ni par la location ni par l'emprunt de ce que vous avez à vendre, à louer ou à prêter, alors inutile de me rappeler, ni aujourd'hui ni demain ni jamais en ce monde et si possible dans l'autre." Après quoi t'attends une seconde et tu dis, "Bonne journée." Sur ce, tu raccroches, comme ferait n'importe qui à ta place. »

N'importe qui à ma place ? Je n'en suis pas convaincu. La fermeté et la méchanceté que prône ma femme face à Devora et à tous ceux de son espèce ne me semble pas universelles. Mais je dois reconnaître qu'elle n'a pas entièrement tort. Au Proche-Orient, les gens ont plus conscience d'être mortels que les autres habitants de la planète, ce qui rend la plupart d'entre eux assez agressifs avec les inconnus qui essaient de leur faire gaspiller le peu de temps qu'il leur reste à vivre. Et si je suis aussi jaloux de mon temps que le premier venu, j'ai un mal fou à dire non à des inconnus au téléphone. Je me débarrasse sans aucune difficulté des vendeurs sur le marché en plein air et je peux dire non à quelqu'un que je connais et qui me propose quelque chose par téléphone. Mais c'est cette fichue combinaison d'une demande par téléphone et d'un inconnu qui me paralyse ; il me faut moins d'une seconde pour me représenter le visage pitoyable de la personne que j'ai au bout du fil et dont l'existence n'a été que souffrance et humiliation. Je la vois debout sur le rebord de la fenêtre de son bureau au quarante-deuxième étage, converser avec moi sur un téléphone sans fil d'une voix calme alors que sa décision est déjà prise. *Un seul refus de plus et je saute !* S'il faut choisir entre une vie humaine et un abonnement à la chaîne « Un potager sur le balcon : la famille se nourrit en s'amusant » pour seulement 9,99 shekels par mois, c'est plus fort que moi : j'opte pour la vie. Enfin, j'optais, jusqu'à ce que ma femme et mon gestionnaire de compte à la banque me demandent poliment (dans le cas du second) d'arrêter.

Du coup j'ai mis au point la « stratégie bonne-maman » qui consiste à ressusciter une malheureuse vieillarde pour laquelle j'ai organisé des dizaines de funérailles virtuelles histoire de me sortir de conversations oiseuses. Mais dans la mesure où j'ai déjà creusé un trou dans lequel je suis tombé pour me défendre de Devora et de ses entreprises de télé par satellite, j'ai pu laisser bonne-maman Shoshana reposer en paix cette fois-ci.

« Bonjour, monsieur Keret, attaque Devora le lendemain. J'espère que ce moment vous convient mieux.

– La vérité c'est qu'il y a eu des complications pour mon pied, je marmonne. Je ne sais pas comment mais la gangrène s'y est mise. Là vous m'appelez juste avant le début de l'amputation. »

Elle tente le coup sans conviction. « J'en ai pour une minute. »

Je ne cède pas. « Non, désolé, je suis déjà sous sédatif et l'anesthésiste me fait signe d'éteindre mon portable. Il dit qu'il n'est pas stérile.

– Bon, je réessaierai demain, dit Devora. Tous mes vœux pour l'amputation. »

La plupart des démarcheurs par téléphone abandonnent après le premier appel. Les instituts de sondage et les fournisseurs d'accès Internet risquent de tenter leur chance une deuxième fois. Mais Devora de la télé par satellite, c'est une autre paire de manches.

« Allô, monsieur Keret ? » C'est encore elle. Là, elle m'a pris au dépourvu. « Comment allez-vous ? » Et sans me laisser le temps de répondre elle poursuit. « Je pense qu'après l'opération que vous avez subie vous allez devoir rester à la maison, je me suis donc dit que j'allais vous proposer notre bouquet sports de l'extrême. Quatre chaînes qui couvrent tout l'éventail des sports de l'extrême dans le monde entier. Ça va du championnat du monde de lancer de nains à la ligue internationale des mangeurs de verre d'Australie.

– C'est à Etgar que vous voulez parler ? je chuchote.

– Oui, dit Devora.

– Il est mort. » Après un silence, je continue de chuchoter. « Une horreur. Il est mort sur le billard, entre les pattes d'un interne. On envisage d'engager des poursuites.

– Mais alors, à qui ai-je l'honneur ? » demande Devora.

J'improvise : « Moi, c'est Michael, je suis son frère cadet. Mais je peux pas parler, là, je suis à l'enterrement.

– Toutes mes condoléances, dit Devora d'une voix qui tremble un peu. Je n'ai pas eu l'occasion de beaucoup parler avec lui mais je l'ai trouvé très sympathique.

– Merci, je chuchote encore. Faut que je raccroche. Je dois dire le kaddish.

– Bien sûr, je vous en prie, dit Devora. Je rappellerai plus tard. J'ai une offre "Travail du deuil" qui est faite pour vous. »

Ce qu'il nous faudrait c'est une bonne guerre

Hier j'ai appelé mon opérateur de téléphonie mobile pour pousser un coup de gueule. La veille, un copain m'avait dit qu'il les avait appelés pour « pousser un petit coup de gueule » et menacer de changer d'opérateur. On lui avait aussitôt réduit son forfait de cinquante shekels par mois. « T'imagines ? » Il était aux anges. « Cinq minutes d'invectives téléphoniques et t'économises six cents shekels par an. »

La responsable du service client s'appelait Tali. Après m'avoir écouté en silence débiter mes plaintes et mes menaces, elle m'a répondu d'une voix basse et profonde : « Je vous demande pardon, monsieur, vous n'avez pas honte ? C'est la guerre. Il y a des gens qui se font tuer. Les missiles pleuvent sur Haïfa et Tibériade et vous, vous ne pensez qu'à vos cinquante shekels ? »

Ce n'était pas tout à fait faux. Du coup je me suis senti vaguement mal à l'aise. Je m'excusai aussitôt et la noble Tali s'empressa de m'accorder son pardon. Ce n'est pas non plus en temps de guerre qu'on choisit d'en vouloir à un compatriote.

L'après-midi même j'ai eu l'occasion de tester l'efficacité du système Tali sur un chauffeur de taxi têtu comme une mule qui refusait de me charger avec mon nourrisson de fils sous prétexte que je n'avais pas pris la précaution de me munir d'un siège bébé.

« Dites voir, vous n'avez pas honte ? dis-je en m'efforçant de reproduire l'argument de Tali avec la plus grande précision possible. C'est la guerre. Il y a des gens qui se font tuer. Les missiles pleuvent sur Tibériade et vous, vous n'avez qu'une seule idée en tête, le siège bébé ? »

Succès complet là aussi. Le chauffeur rouge de honte s'est empressé de s'excuser et m'a dit de monter. En arrivant sur la voie express, il a demandé, s'adressant à moitié à moi et à moitié à lui-même : « Alors c'est une vraie guerre, hein ? » Il a pris une profonde inspiration avant d'ajouter, nostalgique : « Comme avant en somme. »

Ce « comme avant » résonne encore dans ma tête et l'ensemble du conflit avec le Liban m'apparaît soudain sous un éclairage totalement différent. En y repensant, en essayant de recréer mes conversations avec des copains que la guerre du Liban inquiétait, comme les missiles iraniens, les machinations syriennes, et l'idée que le chef du Hezbollah, le cheikh Hassan Nasrallah, était en mesure de frapper l'ensemble du territoire national, même Tel-Aviv, je me rends compte qu'il y avait une petite lueur dans presque tous les regards, une espèce de soupir de soulagement inconscient.

Et non, ce n'est pas que nous autres Israéliens appelions de nos vœux la guerre, la mort ou le chagrin, mais ce que nous regrettons c'est cet « avant » qu'évoquait le chauffeur de taxi. On préférerait une vraie guerre à toutes ces années épuisantes d'intifada quand rien n'a plus été blanc ou noir mais que tout est devenu gris, et qu'au lieu d'affronter des forces armées, on a eu seulement affaire à des jeunes gens résolus bardés de ceintures d'explosifs, ces années où la bravoure, le panache ont cessé d'exister, remplacées par d'interminables files d'attente aux checkpoints peuplées de femmes enceintes jusqu'aux yeux et de vieillards accablés par la chaleur suffocante.

Tout à coup, la première salve de missiles nous a ramenés à la sensation familière d'une guerre menée contre un ennemi implacable qui attaque nos frontières, un ennemi vraiment féroce, qui ne se bat pas pour sa liberté et le droit à l'autodétermination, pas ce genre d'ennemi qui nous fait bafouiller, perdre les pédales et nager dans la confusion. On a repris confiance dans la justesse de notre cause et rejoint en un éclair le giron du patriotisme qu'on a bien failli abandonner. Nous voilà redevenus un petit pays entouré d'ennemis, en lutte pour sa survie, et pas cette puissance occupante contrainte de mener une lutte quotidienne contre une population civile.

Alors faut-il s'étonner de la pointe de soulagement qu'on éprouve tous en secret ? Donnez-nous l'Iran, donnez-nous une pincée de Syrie, ajoutez-y une poignée de cheikh Nasrallah et on les bouffera tout crus. Personne n'est à l'aise avec les dilemmes moraux, et pourquoi saurions-nous les résoudre mieux que les autres ? Alors qu'on a toujours su comment gagner une guerre.

Deuxième année

En (faux) témoignage d'amitié

Enfant, j'ai toujours cru que la Semaine du livre hébreu était fériée, période de vacances officielles, parfaitement à sa place entre la fête de l'Indépendance, la Pâque et Hanoukka. Il ne s'agissait pas de veiller autour d'un feu de camp, de faire tourner des toupies rituelles comme à Hanoukka, ni de se donner des coups de marteau en plastique sur la tête. Ce n'était pas non plus la commémoration d'une victoire historique ou d'une défaite héroïque, ce qui me la faisait apprécier plus encore.

Tous les ans, au début du mois de juin, nos parents nous emmenaient, ma sœur, mon frère et moi, en promenade sur la place centrale de Ramat Gan où étaient installées des dizaines de tables couvertes de livres. Nous choisissions chacun cinq livres. Parfois l'auteur d'un de ces livres était présent derrière la table et y inscrivait une dédicace. Ma sœur était ravie alors que moi, je trouvais ça plutôt gonflant. Ce n'est pas parce qu'il en est l'auteur qu'un bonhomme doit s'arroger le droit de venir griffonner mon exemplaire personnel – surtout s'il a une écriture aussi moche que celle d'un médecin et qu'il a l'air de tenir à utiliser des mots difficiles, le genre qu'on doit chercher dans un dictionnaire pour découvrir qu'ils signifient tout bonnement « En espérant que ça vous plaira. »

Les années ont passé, et bien que mon enfance soit déjà loin, j'aborde encore la Semaine du livre avec beaucoup d'enthousiasme. Mais c'est une expérience un peu différente et nettement plus stressante.

Avant de me mettre à publier moi-même des livres, je ne rédigeais de dédicace que dans ceux que j'offrais à des gens que je connaissais. Puis un beau jour, je me suis soudain retrouvé occupé à signer des livres pour des gens qui les avaient achetés eux-mêmes, des gens que je ne connaissais ni des lèvres ni des dents. Que peut-on bien inscrire dans le livre d'un inconnu qui peut être n'importe quoi ou n'importe qui, du tueur en série jusqu'au Juste parmi les nations ? « En toute amitié » confine au faux témoignage ; « En témoignage d'admiration » ne tient pas la route ; « Avec tous mes vœux » fait trop paternaliste ; et « En espérant que mon livre vous plaira ! » suinte la flagornerie de la première lettre au point d'exclamation final. En conséquence, il y a exactement dix-huit ans de cela, le soir de ma première participation en tant qu'auteur à la Semaine du livre, j'ai créé mon propre genre : la dédicace fictionnelle. Puisque les livres eux-mêmes sont de la fiction, pourquoi les dédicaces devraient-elles être vraies ?

« Pour Danny, qui m'a sauvé la vie dans la plaine de la Bekaa. Sans ton garrot, je n'aurais jamais survécu et pu écrire ce livre. »

« Pour Mickey. Ta mère a appelé. Je lui ai raccroché au nez. Il te faut un sacré culot pour te montrer ici. »

« Pour Sinaï. Je rentrerai tard mais j'ai laissé du *cholent* dans le frigo. »

« Pour Feige. Et mes dix shekels ? T'avais dit deux jours, ça fait un mois. J'attends encore. »

« Pour Tziki. D'accord, j'ai agi comme une merde. Mais puisque ta sœur m'a pardonné tu dois pouvoir me pardonner aussi. »

« Pour Avram. Qu'importe le résultat des tests du labo. Pour moi, tu seras toujours mon papa. »

« Bosmat, tu vis avec un autre, mais nous savons bien toi et moi que tu me reviendras tôt ou tard ! »

En y repensant, et à la lumière de la baffe que ça m'a value en travers de la figure, je suppose que j'aurais mieux fait de ne pas écrire ça sur le bouquin que le grand type baraqué à la nuque rasée avait acheté pour sa copine. N'empêche, d'après moi, il aurait pu me le faire remarquer courtoisement au lieu d'en venir aux mains tout de suite.

Quoi qu'il en soit, je l'ai sentie passer et ça m'a servi de leçon et depuis, pendant la Semaine du livre, même si la main me démange souvent en dédicaçant les bouquins achetés par le premier Moishe ou le premier Shlomo venu, d'écrire un truc dans le genre de « La prochaine fois que tu auras de mes nouvelles, ce sera sur du papier timbré », je prends une profonde inspiration et j'écris « Avec tous mes vœux ». Pas rigolo, d'accord, mais moins dangereux pour le visage.

Et donc, si Bosmat et son copain baraqué lisent ces lignes, je tiens à leur faire savoir que je me repens sincèrement et que je leur fais, un peu tard, toutes mes excuses. Quant à toi, Feige, si par hasard tu lis ça, sache que j'attends toujours mes dix shekels.

En l'air

Voilà quelques mois, j'ai ouvert ma boîte aux lettres rongée de rouille, j'y ai trouvé une enveloppe bleue et blanche renfermant une carte de plastique doré portant mon nom gravé en relief et, au-dessus, en lettres enluminées, FREQUENT FLYER CLUB GOLD. Je l'ai montrée à ma femme, tentative dérisoire dictée par l'espoir que cette preuve de la considération dans laquelle me tient une compagnie respectable pourrait améliorer la piètre opinion qu'elle a de moi. Cela ne m'a pas été très utile.

« Je te conseille de ne montrer ça à personne, ma femme a lancé.

– Et pourquoi donc ? j'ai rétorqué. Cette carte montre que je suis membre d'un club très huppé.

– T'as raison, elle a répondu avec ce sourire de hyène qu'elle sait si bien prendre. Le club huppé des gens qui n'ont pas de vie. »

Bon, très bien, d'accord. Dans le cadre discret, presque intime, du présent récit, je veux bien reconnaître que ce n'est pas entièrement faux : je n'ai pas de vie, du moins au sens traditionnel, quotidien de ce mot. Et j'avoue que plus d'une fois au cours de l'année écoulée il m'a fallu lire le talon de mon billet d'avion douillettement niché entre les pages – plus couvertes de tampons que ne l'est de tatouages l'avant-bras d'un footballeur – de mon passeport, afin de savoir dans quel pays je me trouvais. Et j'avoue aussi qu'au cours de ces voyages, après un vol qui dure souvent jusqu'à quinze heures, je me retrouve lisant un de mes textes à un très petit groupe de gens qui, m'ayant écouté pendant une heure, n'ont plus qu'à me réconforter d'une tape charitable dans le dos en exprimant leur vague espoir qu'en hébreu mes récits ne soient probablement pas dépourvus de sens. Mais j'adore ça. J'adore faire la lecture aux gens : quand ils apprécient, j'éprouve le même plaisir qu'eux. Et quand ils souffrent, je me dis que c'est bien fait pour eux.

Mais puisque me voilà lancé dans un inexplicable accès de sincérité, autant aller jusqu'au bout : la vérité, je suis prêt à l'avouer, c'est que j'adore aussi ces vols eux-mêmes. Non, pas les interminables contrôles de sécurité qui les précèdent, ni l'expression excédée des hôtesses de la compagnie aérienne qui m'expliquent au comptoir d'embarquement que le dernier siège vacant de l'appareil est entre deux lutteurs de sumo japonais surdimensionnés et flatulents. Je ne suis pas non plus friand de l'interminable attente des bagages qui suit l'atterrissage ou du décalage horaire qui vous colle des migraines à croire qu'on a entrepris de creuser dans votre crâne le tunnel sous la Manche à l'aide d'une cuillère à café particulièrement émoussée. Non, c'est ce qu'il se passe au milieu que j'adore, ce moment où on est enfermé dans une boîte en fer-blanc suspendue entre le ciel et la terre. Une boîte en fer-blanc totalement coupée du monde à l'intérieur de laquelle il n'est ni temps ni climat réels, rien qu'un délicieux séjour dans les limbes du décollage jusqu'à l'atterrissage.

Il y a plus bizarre encore : pour moi, ces vols ne consistent pas seulement à consommer l'espèce de plateau télé réchauffé que le pisse-copie sardonique de la compagnie aérienne a jugé bon de baptiser « Délices de Haute Altitude ». Ils représentent aussi une espèce de retraite, un moment de désengagement méditatif. Pendant tout le temps que durent ces vols, le téléphone ne sonne pas et Internet ne fonctionne pas. La maxime selon laquelle le temps de vol n'est que du temps perdu me libère de mes angoisses et de mes accès de culpabilité, elle me dépouille de toute ambition pour faire place à une autre sorte d'existence, une existence idiote, béate, du genre qui n'essaie pas de tirer parti, le meilleur parti possible, du temps mais se contente de trouver la façon la plus agréable de le gaspiller.

Le moi qui existe entre décollage et atterrissage est une personne totalement différente : ce moi en vol est accro au jus de tomate, boisson dans laquelle il ne me viendrait pas à l'idée de tremper les lèvres quand mes pieds foulent le plancher des vaches grasses ou maigres. Sitôt en l'air, cet autre moi est prêt à dévorer goulûment des comédies hollywoodiennes débiles et débilitantes sur un écran de la taille d'une hémorroïde et à se plonger dans les pages du catalogue qu'il tire de la poche du siège situé devant lui comme s'il s'agissait de la dernière version mise à jour et améliorée de l'Ancien Testament.

Je ne sais pas si vous avez jamais entendu parler de ce portefeuille en fibres d'acier antirouille, matériau mis au point par la Nasa, qui garantit que les billets qu'il contient resteront neufs et craquants longtemps encore après que notre planète aura été détruite. Ou de ces toilettes pour chats qui anéantissent par aspiration les mauvaises odeurs et, camouflées qu'elles sont au cœur d'une plante d'appartement, protègent la pudeur de votre petit félin pendant qu'il fait son affaire, tout en épargnant bien des désagréments aux autres membres de la maisonnée et à leurs invités. Ou encore de cet appareil antiseptique contrôlé par microprocesseur qui injecte des ions d'argent microbicides dans celui de vos tissus où vous aurez repéré un début d'infection, vous épargnant ainsi la catastrophe d'une plaie ouverte et purulente. Je n'ai pas seulement entendu parler de ces divers fruits du génie humain, je suis en mesure d'en donner de mémoire la description exacte, jusqu'aux diverses couleurs dans lesquelles ils sont disponibles, comme s'il s'agissait d'autant de versets de l'Ecclésiaste. Mais oui, on ne m'a pas attribué cette carte Gold pour rien !

Il se trouve que j'écris ces lignes pendant un vol de Tel-Aviv à Zurich, en route pour Bangkok, et que je rédige à une vitesse qui ne m'est guère habituelle, de façon à ce qu'après ces quelques dernières lignes, quand j'aurai terminé, je puisse me réinstaller confortablement dans mon siège pour feuilleter encore un peu le magazine de la Swissair, qui ne manquera pas de m'informer des nombreuses destinations nouvelles que la compagnie ne tardera pas à desservir. Après quoi je regarderai peut-être les quinze dernières minutes de *L'Éveil d'un champion*, à moins que je n'aille prendre place au milieu de mes semblables dans la file d'attente des toilettes à l'arrière de l'appareil. Il me reste une heure et quatorze minutes avant l'atterrissage et j'ai envie d'en profiter au maximum.

Pas de lézard !

Le Suisse affublé d'un bizarre couvre-chef qui est assis à côté de moi sur la terrasse du restaurant indien est trempé de sueur. Je serais d'ailleurs mal placé pour le lui reprocher. Je sue moi-même pas mal alors que je suis censé avoir l'habitude de ce genre de température. Mais Bali n'est pas Tel-Aviv. Ici, l'air est tellement humide qu'on pourrait le boire. Le Suisse me dit qu'il est entre deux boulots et qu'il en profite pour voyager. Il n'y a pas si longtemps, il était encore gérant d'un hôtel touristique dans une station balnéaire de Nouvelle-Calédonie. Mais il s'était fait virer. C'est une longue histoire, dit-il, qu'il ne demande d'ailleurs pas mieux que de me raconter. Voilà plus d'une heure, la romancière turque qu'il a essayé de draguer toute la soirée s'est éclipsée sous prétexte d'aller aux toilettes et n'a toujours pas reparu. Il a déjà tellement bu, précise-t-il, que s'il tente de se lever il roulera probablement jusqu'au bas de l'escalier. Aussi vaut-il mieux qu'il reste assis tranquillement là où il est, commande une nouvelle vodka glacée, et me déballe son histoire.

Il s'était imaginé que la direction d'un hôtel de tourisme dans une île de Nouvelle-Calédonie serait une vraie sinécure. Ce ne fut qu'une fois sur place qu'il compris son erreur : l'hôtel était un trou à rats. La clim ne fonctionnait pas dans les chambres, et des insurgés avaient pris le maquis dans les hauteurs avoisinantes. Ils ne dérangeaient pas grand-monde mais pour une raison inexplicable, peut-être l'ennui tout simplement, ils prenaient plaisir à flanquer des peurs bleues aux clients de l'hôtel qui choisissaient d'aller se promener. Les femmes de ménage refusaient catégoriquement d'approcher à moins de dix mètres la grosse machine à laver de l'établissement, affirmant qu'elle était hantée. Elles s'entêtaient donc à laver les draps dans la rivière. Bref, l'hôtel n'avait qu'un très lointain rapport avec les photos et le laïus de ses prospectus.

Il avait pris ses fonctions depuis un mois quand arriva un couple de riches Américains. À peine le couple avait-il franchi le seuil du petit hall qu'il eut un mauvais pressentiment : ces deux-là allaient faire des histoires. Ils avaient l'allure typique du client mécontent et rouspéteur, le genre qui vient à la réception se plaindre de la température de l'eau dans la piscine. Le Suisse s'installa derrière le comptoir de ladite réception, se versa un grand verre de whisky et attendit le premier coup de fil de réclamation. Il n'eut pas à attendre longtemps. Au bout de moins de quinze minutes, il décrocha le téléphone et entendit des hurlements rauques à l'autre bout de la ligne : « Il y a un lézard dans la salle de bains !

– Il y a des tas de lézards dans l'île, monsieur, dit poliment le Suisse. Ils font partie du charme de notre région.

– Le charme de la région ? gueula l'Américain. Vous appelez ça du charme ? Figurez-vous que ça ne nous charme pas, ma femme et moi. J'exige que vous m'envoyiez immédiatement quelqu'un pour virer ce lézard de notre chambre, c'est compris ?

– Permettez, monsieur, répondit le Suisse, ça ne servirait pas à grand-chose de faire partir ce lézard-là. Le lézard pullule par ici. Il y a de grandes chances pour que d'ici demain matin vous en trouviez quelques autres dans votre chambre, si ce n'est pas dans votre lit. Mais ne vous inquiétez pas, ils sont... »

Le Suisse ne termina pas sa phrase, l'Américain avait déjà violemment raccroché le combiné. Tenons-nous prêt, pensa le Suisse en se dépêchant d'avaler le reste de son whisky. D'ici une minute, les Ricains s'amèneraient en personne au comptoir pour l'engueuler de vive voix. Avec la veine qu'il avait, ils étaient probablement copains d'un des pontes de la chaîne hôtelière et il allait morfler.

Malgré sa fatigue il se leva péniblement, décidé à passer à l'action : il irait chercher une bouteille de champagne et la porterait lui-même dans la chambre. Là, il leur cirerait les pompes comme on lui avait appris à le faire pendant sa formation et se tirerait ainsi de ce mauvais pas. Pas rigolo, mais faut ce qu'il faut. À mi-chemin de la chambre, il vit la voiture du couple qui fonçait dans sa direction. Elle passa en trombe, à deux doigts de le renverser, et fila en direction de la grand-route. Il esquissa faiblement un geste d'adieu mais la voiture ne ralentit même pas.

Il alla jusqu'à leur chambre. Ils avaient laissé la porte ouverte. Leurs bagages avaient disparu. Il ouvrit la porte de la salle de bains et vit le lézard. Le lézard le vit aussi. Ils se regardèrent en silence pendant quelques secondes. Il mesurait presque deux mètres et avait les pattes griffues. Il en avait vu un comme ça un jour, il ne savait plus dans quel doc animalier ; il ne se rappelait pas grand-chose non plus du commentaire, simplement que c'étaient des reptiles effrayants, et salement désagréables. Il comprenait maintenant le départ précipité des Américains.

« Et c'est la fin de mon histoire », dit le Suisse. Le couple avait bel et bien écrit à qui de droit et une semaine plus tard il était viré. Depuis il n'avait pas cessé de voyager. En novembre, sa balade prendra fin, il rentrera en Suisse pour voir s'il peut se faire engager dans la boîte de son frère.

Quand je lui demande s'il pense que son histoire a une morale, il répond qu'il est convaincu qu'il doit en exister une mais qu'il ne sait pas trop ce qu'elle peut être. Il se tait un petit moment puis il reprend : « C'est probablement que le monde est plein de lézards et qu'on n'y peut rien mais qu'on devrait toujours s'intéresser à leur taille. »

Le Suisse s'enquiert de ma nationalité. Je lui dis que je suis israélien et que ça n'a pas été de la tarte de venir à ce festival d'écrivains auquel je suis pourtant invité. Déjà mes parents ne voulaient pas que j'y aille. Ils avaient peur que je me fasse enlever ou assassiner. L'Indonésie est un pays musulman, après tout, et très anti-israélien, certains disent même antisémite. J'ai essayé de les calmer en leur envoyant un lien sur une page de Wikipedia qui dit que les hindous sont très majoritaires à Bali. Ça n'a servi à rien. Papa m'a fait remarquer que pour me loger une balle dans la tête, on n'aurait pas besoin d'un vote majoritaire. Naguère le drapeau d'Israël était brûlé devant notre ambassade à Djakarta, mais depuis la rupture des relations diplomatiques, c'est devant l'ambassade des États-Unis qu'on le brûle. Alors mettre la main sur un Israélien bien vivant…

Le visa aussi avait été toute une histoire – j'avais poireauté cinq jours à Bangkok et je me voyais déjà obligé de rentrer en Israël quand le directeur du Festival avait réussi à contacter un haut fonctionnaire du ministère indonésien des Affaires étrangères par sa page Facebook, et à devenir son ami virtuel. Je dis au Suisse que je ne vais pas tarder à faire la lecture pendant la séance inaugurale au palais de Bali, devant le gouverneur de l'île et des représentants de la famille royale, et que si lui-même arrive d'ici là à se tenir debout, il est mon invité. Cette idée lui plaît vraiment, à mon Suisse. Il faut que je l'aide à se lever mais, après le premier pas, il se débrouille pour marcher sans aide.

Il y a plus de cinq cents personnes dans l'auditoire. Le gouverneur et les représentants de la famille royale ont pris place au premier rang. Ils me regardent pendant que je lis. Je n'arrive pas à interpréter leur expression, mais en tout cas ils ont l'air très attentifs. Je suis le premier écrivain israélien à mettre les pieds à Bali. Peut-être même le premier Israélien, et qui sait, le premier juif que certains membres de l'assistance ait jamais vu. Que voient-ils quand ils me regardent ? Un lézard, probablement, et si j'en juge par les sourires qui s'élargissent peu à peu sur leurs visages, je suis un lézard bien plus petit et plus sociable qu'ils ne l'avaient craint.

Juif dehors

Rien de tel que quelques jours en Europe de l'Est pour faire resurgir le juif en nous. En Israël, on peut très bien se balader toute une journée vêtu d'un T-shirt sans manches sous le soleil brûlant et se confondre quasiment avec le premier goy venu : quelques notes de techno ou d'opéra par-ci par-là, un bon bouquin de Boulgakov, un verre de whisky irlandais. Mais sitôt qu'on a fait tamponner son passeport dans un aéroport polonais, on commence à se sentir différent. On garde encore sur les lèvres le goût de la vie à Tel-Aviv et Dieu ne nous est pas déjà apparu dans la lumière des néons qu'une panne fait clignoter au plafond de la zone des arrivées du terminal, mais à la moindre effluve de porc grillé on a soudain l'impression d'être une espèce de marrane. C'est une soudaine plongée dans la Diaspora.

Depuis le jour de ta naissance en Israël, on t'a enseigné que l'histoire de l'Europe, jusqu'au siècle dernier, n'avait été qu'une série de persécutions et de pogroms, et malgré les protestations raisonnables du bon sens, les leçons de cette éducation continuent de couver comme un foyer infectieux quelque part dans tes tripes. C'est une impression désagréable dont on s'arrange toujours je ne sais comment pour trouver une confirmation dans la réalité. Oh, rien de grandiose, ainsi que me l'a rappelé un voyage en Europe de l'Est la semaine dernière ; ce n'est pas un cosaque qui viole ta mère ou ta sœur. Cela peut prendre la forme d'un propos apparemment anodin, entendu dans la rue, d'une étoile de David taguée au-dessus d'un slogan douteux sur un mur délabré, la manière qu'a la lumière de se refléter sur la croix de l'église qui se dresse face à la fenêtre de l'hôtel, ou encore la façon dont la conversation d'un couple de touristes allemands résonne sur le fond d'un paysage polonais embrumé.

Alors commencent les questions : est-ce la vérité ou une phobie ? Le semi-antisémitisme de ces petits événements s'insinue-t-il en ton esprit parce que c'était ce à quoi tu t'attendais ? C'est ainsi par exemple que mon épouse soutient que je suis doué de pouvoirs surhumains quand il s'agit de détecter des croix gammées. Où que nous soyons – Melbourne, Berlin ou Zagreb –, il me faut moins de dix minutes pour repérer une swastika quelque part.

Lors de mon premier voyage d'auteur en Allemagne, voilà exactement quinze ans, mon éditeur là-bas m'avait invité dans un excellent restaurant bavarois (je reconnais qu'il y a là comme une contradiction dans les termes), et à peine venait-on de nous servir le plat de résistance qu'un grand et robuste sexagénaire allemand entra dans l'établissement et se mit à vociférer. Il avait le visage rouge et semblait avoir bu. Dans le méli-mélo de mots tudesques qu'il proférait, je reconnus seulement les deux qu'il ne cessait de répéter : « *Juden raus !* » Marchant droit sur lui, je lui dis en anglais d'un ton dont je m'efforçais de préserver le calme : « Je suis juif. Vous voulez me faire sortir ? Allez-y, essayez pour voir, faites-moi sortir. » L'Allemand, qui ne comprenait pas un traître mot d'anglais, continua de beugler en allemand et nous ne tardâmes pas à en venir aux mains. Mon éditeur tenta d'intervenir en me demandant de retourner m'asseoir. « Vous ne comprenez pas », essayait-il de me dire. Mais je m'entêtai. Je comprenais parfaitement. J'étais le fils de survivants de l'Holocauste, j'avais le sentiment de comprendre ce qui se passait mieux qu'aucun des placides clients de l'établissement. Au bout d'un moment, les garçons nous séparèrent et l'ivrogne colérique fut mis à la porte. Je retournai m'asseoir. La bouffe était froide, mais de toute façon cette histoire m'avait coupé l'appétit. Pendant que nous attendions l'addition, l'éditeur m'expliqua à voix basse que l'ivrogne furieux était venu se plaindre que la voiture d'un des clients bloquait la sienne. Quand j'avais entendu « *Juden raus* » il disait en fait « *jeden raus* », quelque chose comme « dehors, tout à côté ». Quand l'addition arriva, je mis un point d'honneur à la régler. On peut y voir une forme de réparation envers une Allemagne qui a bien changé. Que voulez-vous que j'y fasse ? Aujourd'hui encore, un mot sur deux de la langue allemande me met instantanément sur la défensive.

D'ailleurs, on le dit bien : « Ce n'est pas parce qu'on est paranoïaque qu'on n'est pas persécuté. » Au cours des vingt ans où j'ai voyagé un peu partout dans le monde, j'ai connu ma part d'actes, de gestes et de paroles antisémites authentiques qu'on ne peut expliquer par aucune erreur de prononciation.

Il y a eu, par exemple, un Hongrois rencontré dans un bar après une quelconque manifestation littéraire à Budapest et qui tenait absolument à me montrer la gigantesque aigle allemande qu'il s'était fait tatouer dans le dos. Il dit que son grand-père avait tué trois cents juifs pendant l'Holocauste et que lui-même espérait bien pouvoir s'enorgueillir un jour d'un palmarès du même ordre.

Dans une paisible petite ville d'Allemagne de l'Est, un comédien un peu ivre qui avait donné lecture de quelques-unes de mes nouvelles deux heures plus tôt m'expliqua que l'antisémitisme était une chose terrible, mais qu'il n'était pas contestable que les juifs avaient par leur intolérable comportement jeté de l'huile sur le feu tout au long de l'Histoire.

En France, un réceptionniste nous dit, à moi et à l'écrivain arabe israélien Sayed Kashua, que si ça ne tenait qu'à lui, l'hôtel ne recevrait pas les juifs. Après quoi il me fallut passer le reste de la soirée à entendre Sayed râler : comme si ça ne suffisait pas d'avoir subi l'occupation sioniste pendant quarante-deux ans, il lui fallait maintenant supporter l'insulte d'être pris pour un juif.

Et voilà à peine une semaine, pendant un festival littéraire en Pologne, quelqu'un dans l'auditoire s'est avisé de me demander si je n'avais pas honte d'être juif. Je lui ai fait une réponse logique et rationnelle, dépourvue de toute émotion. Après m'avoir écouté attentivement, l'auditoire a applaudi. N'empêche, plus tard, dans ma chambre d'hôtel, j'ai eu du mal à m'endormir.

Mais quand le khamsin souffle un bon coup en novembre, il a vite fait de remettre tes idées en ordre et le juif en toi à sa place. Et la lumière directe du chaud soleil du Proche-Orient brûle les dernières traces de diaspora qui subsistaient dans ton être. Me voilà assis avec mon meilleur ami Uzi sur la plage Gordon à Tel-Aviv. À côté de lui sont assises Krista et Renate. « Attendez, je devine, dit Uzi, cherchant à détourner l'attention de la bosse qui commence à lui déformer la braguette par un exercice de télépathie boiteuse. Vous êtes suédoises toutes les deux.

– Non, fait Renate en éclatant de rire, on est de Düsseldorf, en Allemagne. Vous connaissez l'Allemagne ?

– Et comment ! s'exclame Uzi débordant d'enthousiasme. Kraftwerk, Nietzsche, BMW, le Bayern de Munich… » Il se creuse la cervelle à la recherche de quelques autres mots d'allemand. Sans succès. « Dis voir, mon pote, me dit-il, je me demande pourquoi on t'a envoyé à la fac pendant des années. Tu pourrais pas contribuer un peu à la conversation ? »

Faut pas rêver

C'est par un rêve que tout a commencé. Dans ma vie des tas d'ennuis commencent par un rêve. Dans ce rêve-ci, je suis dans une gare d'une ville inconnue, je débite des hot dogs derrière une roulante. Une horde de voyageurs impatients se presse tout autour. Tous sont au bord de la crise de nerfs. Il leur faut un hot dog, ils en crèvent d'envie mais ils ont peur de louper le train. Ils m'aboient leurs commandes dans une langue étrange, effrayant mélange de sonorités allemandes et japonaises. Je leur réponds dans cette même langue hyperstressante. Ils essayent de me faire accélérer le mouvement et je m'évertue à soutenir le rythme. Ma chemise est tellement maculée de moutarde et de divers ingrédients et condiments que ce sont les rares endroits encore blancs qui ressortent comme des taches. Je m'efforce de concentrer mon attention sur les petits pains mais ne peux m'empêcher de remarquer les visages furibonds de la meute affamée. Ces gens braquent sur moi des regards avides de bêtes de proie. Les commandes, dans cette langue incompréhensible, se chargent de plus en plus de menaces. Mes mains se mettent à trembler. Des perles de sueur salée dégouttent de mon front sur les sandwichs épais. Et puis je me réveille.

Il y a cinq ans que j'ai fait ce rêve pour la première fois. Au beau milieu de la nuit, en me levant, trempé de transpiration, je me suis réconforté d'un verre de thé glacé et puis j'ai regardé un épisode de *Sur écoute*. Ce n'était évidemment pas mon premier cauchemar mais quand j'ai constaté que celui-là commençait à creuser un terrier dans mon inconscient, j'ai compris que j'avais un problème. Un problème que même la synergie du thé glacé et de l'agent Jimmy McNulty ne suffirait pas à résoudre.

Mon pote Uzi, grand fan de l'école des francforts et de l'interprétation des rêves, n'a pas mis cinq minutes à démêler la signification du mien. « Toi, t'es de la seconde génération, qu'il m'a dit. Tes parents ont été contraints de quitter leur pays, leur foyer, l'environnement social qui leur était naturel, du jour au lendemain. Cette expérience angoissante s'est transmise de la conscience anxieuse de tes parents à la tienne qui s'est ainsi trouvée angoissée dès l'origine. Si tu ajoutes à ça la précarité de nos existences au Proche-Orient et le fait que tu es un jeune papa, en remuant le tout, qu'est-ce que tu obtiens ? Un rêve qui rassemble toutes ces peurs : la peur d'être déraciné, de débarquer, étranger, dans un pays inconnu, d'être contraint de bosser dans un domaine qu'on ne connaît pas et qui ne nous convient pas. Tout est là.

– Ça se tient, ai-je dit à Uzi. Mais si je veux éviter que ça devienne un cauchemar récurrent, qu'est-ce que je fais ? Je consulte un psy ?

– C'est bien le truc qui ne t'avancerait à rien, a-t-il répondu. Qu'est-ce que tu espères qu'un psy te raconte ? Que tes parents n'ont pas été réellement persécutés par les nazis, qu'il n'y a aucun risque qu'Israël soit détruit et que tu te voies réduit au statut de réfugié ? Que même avec ta maladresse congénitale, tu ferais un vendeur de hot dogs potable ? Tu n'as pas besoin des mensonges d'un docteur en psychologie clinique qui te coûteront un bras. Il te faut une vraie solution ancrée dans la réalité : un petit magot sur un compte ouvert dans une banque à l'étranger. Tout le monde fait ça. Je viens de lire que le compte à l'étranger, le passeport étranger et le 4 x 4 sont les trois trucs les plus tendance cet été.

– Et ça marchera ? me suis-je enquis.

– Un peu, mon neveu, a-t-il clamé. Non seulement pour le rêve mais aussi dans la réalité. Ce n'est pas ça qui t'empêchera d'avoir des ennuis ni d'être éventuellement réduit au statut de réfugié, mais dans ce cas-là, au moins, tu seras un réfugié avec une pelote. Le genre qui, même s'il se retrouve proprio d'une roulante à hot dogs dans une gare de Japallemagne, aura assez de blé pour embaucher un réfugié encore plus mal loti que lui qui débitera les saucisses et la moutarde à sa place. »

L'exploitation des réfugiés, c'est pas mon truc, j'étais même carrément contre au début, mais au bout de quelques nouvelles visites nocturnes à mon stand de hot dogs à roulettes, je me suis décidé à tenter le coup. Sur le Net, j'ai trouvé un site sympa, celui d'une banque australienne, dont une vidéo promotionnelle ne montrait pas seulement des paysages à couper le souffle mais aussi une banquière avenante et souriante, quelque chose comme une sœur de Julia Roberts en mieux, qui me pressa de confier mon argent à son établissement.

Uzi coupa aussitôt court à l'opération. « D'ici dix ans, l'Australie aura probablement disparu de la carte. Si le trou dans la couche d'ozone ne les a pas décimés avant, c'est les Chinois qui feront leur affaire aux Australiens. Je sais de quoi je parle. J'ai un cousin au Mossad, dans la section du Pacifique. Mise sur l'Europe. N'importe où en dehors de la Russie et de la Suisse.

– La Suisse et la Russie ? C'est quoi leur problème ?

– L'économie russe n'est ni stable ni fiable, m'a expliqué Uzi, en prenant une grosse bouchée de son sandwich falafel. Et les Suisses… je sais pas. Je les aime pas. Ils sont du genre froid, si tu vois ce que je veux dire. »

J'ai fini par dénicher une banque sympa dans les îles Anglo-Normandes. La vérité m'oblige à dire qu'avant de commencer mes recherches, j'ignorais jusqu'à l'existence des îles Anglo-Normandes. Il est plus que probable, si le pire scénario catastrophe se réalisait, dans le cadre d'une nouvelle guerre mondiale, que les salopards qui conquerraient le monde l'ignoreront aussi, ce qui fait que, malgré la création d'un empire mondial, ma banque resterait libre. Le type de la banque qui consentit à prendre mon argent s'appelait Jeffrey mais il insista pour que je l'appelle Jeff. Un an plus tard il fut remplacé par un certain John, ou Jo, puis vint un nouveau type super sympa qui s'appelait Jack. Ils étaient plus sympas, avenants et polis les uns que les autres et, pour parler de mes actions et de mes obligations et évoquer leur avenir bien assuré, faisaient tous preuve d'une parfaite maîtrise du plus-que-parfait et du futur antérieur, ce qui en toute sincérité n'est pas plus le cas d'Uzi que le mien. Cela ne pouvait que me rassurer plus encore.

Tout autour de moi, les disputes proche-orientales prenaient un tour sans cesse plus agressif. Les missiles Grad du Hezbollah frappaient Haïfa et les roquettes du Hamas éventraient des bâtiments à Ashdod. Or, malgré toutes ces explosions assourdissantes, je dormais comme un bébé. Et ce n'était pas parce que je ne rêvais plus. Mais mes rêves portaient tous sur une banque enfouie sous la verdure, entourée d'eau, où Jeffrey, John ou Jack me menaient en gondole. Depuis la gondole la vue était éblouissante, des poissons volants nous accompagnaient, chantant d'une voix humaine assez proche de celle de Céline Dion, c'est vrai, les splendeurs et les beautés de mon portefeuille d'investissement, qui croissait de minute en minute. Selon les calculs d'Uzi sur son logiciel Excel, j'aurais déjà eu les moyens d'ouvrir au moins deux roulantes à hot dogs ou, si telle était ma préférence, un kiosque en dur.

Et puis vint octobre 2008, et les poissons de mes rêves devinrent aphones. Après l'effondrement des marchés, j'appelai Jason, qui avait remplacé le dernier J sur la liste, pour lui demander s'il me conseillait de vendre. Mieux valait attendre, me dit-il. Je ne me rappelle pas sa formulation précise, en dehors du fait que, semblable en cela à tous les J qui l'avaient précédé, il possédait une plus que parfaite maîtrise du futur antérieur. Deux semaines plus tard, mes économies avaient encore perdu trente pour cent de leur valeur. Dans mes rêves, l'aspect de la banque n'avait pas changé mais la gondole commençait à giter piteusement et les poissons volants n'avaient pas seulement cessé d'arborer une expression amicale, ils s'étaient mis à me parler dans ce même dialecte nippo-allemand. Et pas question de les amadouer en leur graissant la nageoire d'un bon hot dog : les calculs d'Uzi ne laissaient aucun doute à ce sujet, je n'avais plus assez même pour une seule roulante. Je téléphonais sans arrêt à la banque. Au cours de nos premières conversations, Jason semblait optimiste. Puis j'ai commencé à le sentir sur la défensive et, après quelque temps, il est devenu tout simplement indifférent. Quand je lui ai demandé s'il s'occupait de mes investissements et tentait d'en sauver ce qui restait sauvable, il m'exposa calmement la politique de la banque : la gestion active et prospective de portefeuilles commençait à un million de dollars et plus. J'ai compris que c'en était fini à jamais de nos voyages en gondole.

« Tu devrais voir le bon côté des choses, dit Uzi, montrant le visage souriant et amical d'un type dans le supplément financier du journal. Toi au moins tu n'as pas confié ton fric à Madoff. » Quant à Uzi, il s'est tiré de la crise comme une fleur ; il avait joué tout son argent sur le blé indien, les armes angolaises et les vaccins chinois. Avant cette conversation, je n'avais jamais entendu parler de Madoff mais à présent je sais tout de Bernie et de Ruth. En y repensant, mis à part leur gigantesque escroquerie, nous avons plein de choses en commun : deux juifs inquiets qui adorent raconter des histoires et naviguent depuis des années dans une gondole au fond percé. Bernie a-t-il rêvé, autrefois, voilà des années, qu'il vendait des hot dogs dans une gare ? Peut-être avait-il lui aussi un vrai pote, comme Uzi, jamais avare de conseils à la noix ?

Le type des infos vient d'annoncer l'instauration de l'état d'alerte au centre du pays et la présence de barrages sur certaines des routes principales. Le bruit court qu'un soldat a été enlevé. Sur le chemin de la maison, j'achète un paquet de couches pour Lev et je passe au vidéoclub louer quelques épisodes de *Sur écoute*. À tout hasard. Il ne s'agirait pas d'être pris au dépourvu.

Il était une fois

La voix agréable du commandant de bord renouvelle ses excuses dans les haut-parleurs. Notre vol était censé décoller deux heures plus tôt et nous n'avons toujours pas bougé. « Les équipes techniques n'ont pas encore réussi à déterminer avec précision l'avarie de notre appareil, nous devons donc demander à nos passagers de débarquer. Nous ne manquerons pas de vous informer dès que nous le pourrons. »

Le jeune type maigrichon qui occupe le siège voisin du mien dit alors : « C'est moi. C'est ma faute. Quand on a embarqué, je parlais avec ma femme au téléphone. Vous vous rappelez ? Elle m'a raconté qu'elle était en route pour la plage avec notre fille et notre bébé. Quand je me suis retrouvé assis ici et que j'ai bouclé ma ceinture, je n'ai pas pu m'empêcher de penser que je n'avais vraiment aucune raison d'aller en Italie. Au lieu de passer le samedi avec ma femme et mes filles, pourquoi j'irais me coltiner six heures de vol avec une correspondance, pour je ne sais quelle réunion d'une ou deux heures que mon patron estime importante ? Pourvu que l'avion ait une panne. Je vous jure, c'est ce que je me suis dit : j'espère que le zinc va avoir une panne. Et voilà, vous voyez ? »

À l'entrée du terminal, une grosse dame en robe à fleurs qui traîne une valise de la taille d'un cercueil aborde le maigrichon pour lui demander d'où nous venons. « La question n'est pas de savoir d'où on vient, fait-il en m'adressant un clin d'œil. Ce qui compte, c'est où on va. »

Quelques heures plus tard, quand j'aurai embarqué dans le petit avion bondé que la compagnie a substitué au premier et qui doit m'emmener jusqu'à Rome d'où je gagnerai la Sicile, je parcourrai le couloir central et constaterai que le maigrichon n'est pas là. Pendant toute la durée du vol, je l'imaginerai à la plage à Tel-Aviv, occupé à bâtir des châteaux de sable avec sa femme et sa fille, et je bouillirai de jalousie.

J'ai moi aussi une femme et un petit garçon qui m'attendent à Tel-Aviv. Depuis le début ce voyage n'a vraiment pas été facile pour moi et il m'est devenu de plus en plus désagréable à chaque minute de retard. Samedi soir, je suis censé intervenir dans un petit festival du livre organisé à Taormine. Quand les organisateurs m'ont invité, j'ai accepté parce que je pensais pouvoir emmener ma famille. Mais il y a quelques semaines ma femme s'est rendu compte qu'elle avait pris un autre engagement dans son travail et je me suis retrouvé piégé par ma promesse d'assister au festival. Le voyage, qui dans mes projets devait durer une semaine, a été réduit à deux jours, et voilà qu'à cause des pouvoirs surnaturels d'un jeune gringalet qui avait envie de jouer dans le sable avec sa fille, la moitié de ces deux jours se passera dans divers aéroports. Quel gâchis.

À cause du retard, je loupe évidemment ma correspondance de Rome à Catane. Quand je débarque enfin en Sicile, il y a encore un long trajet en voiture jusqu'à

Taormine et la nuit est déjà tombée quand j'arrive à l'hôtel. Un réceptionniste moustachu me remet la clé de ma chambre. Endormi sur un canapé dans le hall, j'avise un mignon petit garçon, dans les sept ans, portrait craché du réceptionniste, à l'exception de la moustache. Je me couche tout habillé et m'endors aussitôt.

La nuit n'est qu'un interminable instant noir et sans rêves, mais le matin me dédommage totalement. J'ouvre la fenêtre et je me retrouve dans un rêve. Une plage bordée de maisons de pierre s'étale devant moi dans toute sa splendeur. Une longue promenade entrecoupée de conversations dans un anglais dont la piètre qualité est compensée par d'innombrables gesticulations renforce en moi le sentiment d'irréalité qui émane des lieux. Parce que, enfin, je la connais très bien cette mer : c'est la même Méditerranée qui est à deux pas de chez moi à Tel-Aviv, mais la paix et la tranquillité que respirent les gens du coin sont des choses que je n'avais encore jamais rencontrées. La même mer mais débarrassée du lourd nuage existentiel, noir de peur, que j'ai l'habitude de voir peser sur elle. Peut-être est-ce là ce que Shimon Peres entendait en ces temps d'innocence, quand il parlait d'un « nouveau Proche-Orient. »

C'est le premier festival du livre qui a lieu à Taormine. Les organisateurs sont tout à fait sympas et l'atmosphère est détendue ; il ne manque qu'une chose à ce festival : un public. Loin de moi l'idée de juger les habitants de Taormine. Vivant au cœur d'un tel paradis, dans la chaleur du mois de juillet, qui s'aviserait, plutôt que de passer la journée à se prélasser sur l'une des plus belles plages du monde, d'aller dans un jardin public infesté de moustiques se faire abrutir par le discours d'un écrivain échevelé qui s'exprime en anglais avec un drôle d'accent ?

Mais dans l'atmosphère harmonieuse de Taormine, même un public plus que restreint n'est pas considéré comme un échec. Je crois que ces gens exquis, qui parlent un italien si mélodieux et vivent dans ce décor splendide, accueilleraient un nuage de sauterelles ou une épidémie de choléra avec le même sourire indulgent. Après ma lecture, l'interprète d'anglais aux manières si amènes me dit, désignant la mer obscure, que pendant la journée on peut, de là où nous sommes, apercevoir le continent italien. « Vous voyez ces lumières, là-bas ? demande-t-il, désignant un ruban clignotant de têtes d'épingles lumineuses. C'est Reggio de Calabre, la ville la plus au sud d'Italie. »

Quand j'étais petit, mes parents me racontaient des histoires pour m'endormir. Pendant la Seconde Guerre mondiale, les histoires que leurs parents à eux leur racontaient n'étaient jamais lues dans des livres parce qu'il n'y avait pas moyen de s'en procurer, aussi avaient-ils droit à des histoires inventées. Devenus parents eux-mêmes, ils respectèrent cette tradition et, depuis un très jeune âge, j'ai été particulièrement fier que les histoires qu'on me racontait chaque soir pour m'endormir ne soient à vendre dans aucun magasin ; elles m'appartenaient à moi tout seul. Celles que racontait ma mère mettaient toujours en scène des gnomes et des fées, tandis que celles de mon père remontaient au temps où il avait vécu dans le sud de l'Italie, de 1946 à 1948. Ses camarades de l'Irgoun l'avaient chargé d'essayer d'acheter des armes pour eux. Après s'être enquis à gauche et à droite et avoir fait jouer quelques relations, mon père s'était retrouvé à l'extrémité méridionale de l'Italie d'où l'on peut apercevoir la côte de Sicile – à Reggio de Calabre. Là, il avait fréquenté la mafia locale et était parvenu à la longue à la persuader de lui vendre des fusils pour l'Irgoun qui s'en servirait contre les Britanniques. Comme il n'avait pas d'argent pour louer un appartement, les mafieux du coin l'avaient logé gratuitement dans un bordel qu'ils possédaient et il y avait passé, semble-t-il, les meilleurs moments de sa vie.

Les héros des histoires que mon père me racontait pour m'endormir étaient toujours des ivrognes et des prostituées et, étant petit, je les adorais. Je ne savais pas encore ce qu'était un ivrogne ou une prostituée, mais j'étais déjà capable d'identifier la magie et les histoires de mon père débordaient de magie et de compassion. Voilà que quarante ans plus tard je me retrouve à quelques encablures du monde des histoires que j'écoutais en m'endormant. Je tente d'imaginer mon père débarquant ici après la guerre, il avait dix-neuf ans, en ce lieu qui, malgré tous ses ennuis et ses ruelles obscures, irradie un tel sentiment de paix et de tranquillité. Comparées aux horreurs et à la cruauté dont il avait été témoin pendant la guerre, on n'a pas de mal à imaginer que ses nouvelles connaissances de la pègre ont dû lui sembler heureuses et même compatissantes. Il marche dans la rue, des visages souriants lui souhaitent le bonjour dans un italien melliflu et, pour la première fois de sa vie d'adulte, il n'a pas besoin d'avoir peur ni de cacher qu'il est juif.

Quand je tente de reconstruire ces histoires que mon père me racontait voilà tant d'années, je me rends compte qu'au-delà de leurs intrigues fascinantes, elles étaient destinées à faire mon éducation. À m'apprendre quelque chose du désir non pas d'embellir la réalité, mais de ne jamais renoncer à trouver un angle qui mette la laideur sous un meilleur éclairage et suscite affection et empathie pour les verrues et les rides de son visage ravagé. Si bien qu'ici, en Sicile, soixante-trois ans après que mon père en est reparti, face à quelques dizaines de paires d'yeux rivées sur moi et à des chaises en plastique vides bien plus nombreuses, cette mission semble soudain plus possible qu'elle ne l'a jamais été.

Troisième année

D'armes et d'allumettes

Depuis la reprise des hostilités à Gaza le mois dernier, je me suis retrouvé avec du temps à revendre. L'université de Beersheba, où j'enseigne, étant à portée des tirs de missiles du Hamas, a été contrainte de fermer. Mais au bout d'une quinzaine de jours elle a rouvert et, dès le lendemain, j'ai dû retourner de Tel-Aviv où j'habite à Beersheba, trajet d'une heure et demie en train. Une moitié des étudiants était absente – surtout des étudiants qui viennent du centre du pays – mais l'autre moitié, composée de ceux qui habitent Beersheba, assistait aux cours. Les bombes leur seraient tombées dessus de toute façon et l'idée répandue parmi eux est que les salles de cours et les amphis sont mieux protégés que leurs divers logements en ville ou à la cité U.

J'étais en train de boire un café à la cafète quand la sirène d'alerte a retenti. Trop tard pour gagner un véritable abri. J'ai donc couru en compagnie de quelques autres personnes dans l'entrée aux murs épais et quasiment dépourvus de fenêtres d'un bâtiment universitaire voisin. Autour de moi, quelques étudiants effrayés et un conférencier qui continuait de mastiquer gravement son sandwich assis sur les marches de béton comme si de rien n'était. Deux ou trois étudiants ont dit qu'ils avaient entendu une explosion lointaine et qu'on pouvait probablement repartir, mais le conférencier, la bouche encore pleine, a fait remarquer qu'ils lancent parfois plus d'un missile et que mieux valait attendre quelques minutes de plus. C'est pendant cette attente que j'ai reconnu Kobi, gamin déjanté, sorti de mon enfance à Ramat Gan, qui se plaisait tellement en cours moyen première année qu'il avait redoublé afin d'y rester deux ans.

À quarante-deux ans, il n'a pas changé d'un cheveu. Non – il n'est pas resté particulièrement juvénile ; simplement, dès l'école primaire, il a toujours eu l'air d'un adulte : la nuque épaisse et poilue, le corps puissant, le front haut et l'expression souriante mais désabusée du type qui en connaît déjà un rayon sur notre planète de dingues. Quand j'y repense, la rumeur malveillante qui circulait parmi les gamins à l'école et selon laquelle il se rasait déjà était probablement fondée.

« Ça alors ! dit Kobi en me serrant dans ses bras. Tu sais que t'as pas changé d'un cheveu, toi ! » Un louable souci de précision lui faisant ajouter : « Même la taille. T'as pas pris un centimètre depuis l'école. »

Pendant que Kobi et moi on effectuait une petite mise à jour, les gens qui nous entouraient, sentant qu'il n'y avait plus de danger, sont partis les uns après les autres, nous laissant la jouissance de cet espace protégé. « Un vrai coup de bol, cette roquette, dit Kobi. Rends-toi compte, sans cette Qassam, on aurait très bien pu se croiser sans se rencontrer. »

Il me dit en effet qu'il n'habite pas le coin. Il est venu renifler un peu l'atmosphère. Maintenant que Beersheba est à portée de roquette, ça n'a pas manqué d'ouvrir quelques perspectives nouvelles dans l'immobilier. La valeur du terrain va se casser la gueule ; et l'État va distribuer de nouveaux permis de construire. Bref, un entrepreneur qui saura jouer ses cartes peut bénéficier de véritables opportunités.

Notre dernière rencontre à Kobi et moi remonte à près de vingt ans et il y avait des missiles à l'époque aussi, des Scuds que Saddam Hussein faisait pleuvoir sur Ramat Gan. Kobi y habitait encore et moi j'y étais retourné pour être auprès de mes têtes de mule de parents qui refusaient de déménager. Kobi nous avait emmenés chez ses parents, notre copain Uzi et moi, pour nous montrer l'appartement et ce qu'il appelait son musée des Armes et des Allumettes. Là, au mur de sa chambre d'enfant, était accrochée une impressionnante collection : épées, pistolets et jusqu'à des fléaux d'armes. À leur pied se dressaient une gigantesque tour Eiffel et une guitare grandeur nature qu'il avait fabriquées avec des allumettes. À l'origine, nous avait-il expliqué, le musée était consacré aux seules armes, mais après s'être fait choper en flagrant délit de vol de grenades dont il comptait enrichir sa collec, il avait été condamné à huit mois de taule, mis à profit pour fabriquer la tour et la guitare désormais intégrés à son expo.

À l'époque, il s'inquiétait surtout qu'un missile irakien fasse voler en éclats la tour Eiffel à laquelle il avait consacré la presque totalité de son séjour en prison. Aujourd'hui encore, ses créations en allumettes sont toujours chez ses parents, mais Ramat Gan n'est plus sous le feu des missiles et des roquettes. « En ce qui concerne ma tour Eiffel en allumettes, dit Kobi, ma situation s'est indiscutablement améliorée au cours des vingt dernières années. Mais pour tout le reste, j'ai mes doutes. »

Dans le train qui me ramène de Beersheba je lis un journal abandonné sur un siège par un voyageur. Il y a un article au sujet des lions et des autruches du zoo de Gaza. Ils souffrent des bombardements et n'ont pas été régulièrement nourris depuis le début de la guerre. Le chef des troupes se déclare décidé à monter une opération spéciale de sauvetage d'un des lions qu'il compte transférer en Israël. Les autres animaux n'auront qu'à se débrouiller. Un article plus bref, sans photo, rapporte que le nombre d'enfants qui ont péri dans les bombardements de Gaza jusqu'à ce jour dépasse les trois cents. Comme les autruches, les enfants restants n'auront qu'à se débrouiller. Notre situation en ce qui concerne la tour Eiffel en allumettes s'est effectivement améliorée au point d'être méconnaissable. Pour le reste, je suis comme Kobi, j'ai mes doutes.

Pour qui Kippour ?

Mon passage en Suède, la semaine dernière, à la Foire du livre de Göteborg, a bien mal démarré. Quelques semaines avant mon arrivée dans cette ville paisible, qui s'enorgueillit de posséder le plus grand parc de loisirs d'Europe du Nord, un article paru dans un journal à sensation suédois avait accusé Israël de voler des organes prélevés sur le cadavre de Palestiniens tués par l'armée. Ce que cet article avait de plus sensationnel était à n'en pas douter l'extraordinaire traitement qu'il infligeait à la logique, en établissant un lien entre une accusation sans preuve contre l'armée israélienne dont le prétendu forfait remontait au début des années 1990 et un rabbin du New Jersey mis en examen pour trafic d'organes en 2009, comme si le gouffre de plus de quinze ans et de plusieurs milliers de kilomètres qui séparait les deux n'était qu'un détail sans importance. Bref, il ne manquait à cet article que la recette du pain azyme à base de sang d'enfants chrétiens.

Cet absurde reportage s'attira une réaction non moins absurde du gouvernement israélien, qui exigea des excuses publiques du Premier ministre suédois. Il va sans dire que les Suédois refusèrent, invoquant la liberté de la presse, bien qu'il s'agisse en l'espèce d'une presse d'assez piteuse qualité. Et Israël réagit immédiatement en recourant à l'arme non conventionnelle qu'elle tient cachée en prévision de conflits de cette nature et de cette gravité : le boycott d'Ikea par les consommateurs. Au milieu de cette tempête politique déchaînée entre des adversaires en état d'hyperventilation, votre serviteur a donc passé Rosh Hashana devant un auditoire courtois de lecteurs suédois qui le remerciaient généreusement pour ses nouvelles sans cesser d'ouvrir l'œil, tandis qu'il leur dédicaçait ses livres, afin d'éviter qu'il en profite pour les soulager en douce d'un rein par-ci par-là.

Mais mon vrai drame suédois a commencé quand je me suis rendu compte que je risquais de ne pas trouver de vol de retour vers Israël avant Yom Kippour. Depuis quelques années, il m'est souvent arrivé de passer certaines fêtes en dehors d'Israël. Et malgré les regards éplorés et l'expression d'autoapitoiement que je ne manque pas de tourner vers tous ceux que je rencontre, je dois avouer que j'ai souvent éprouvé un certain soulagement à passer la fête de l'Indépendance sans le fracas d'un défilé aérien qui vous passe juste au-dessus de la tête, ou une veille de Shavouot sans les tantes et les oncles qui se sentent outragés parce que j'ai décliné leurs invitations au dîner rituel. Mais j'ai toujours fait mon possible pour être en Israël le jour du Grand Pardon. Pendant ces quelques années, comme tout au long de ma vie.

Quand, avec l'aide avisée de l'agent de voyage de mon hôte, j'eus résolu le problème de mon vol de retour, j'ai invité tout le monde à dîner pour fêter ça dans un restaurant du quartier, mystérieusement baptisé Le Cracovie, sans doute parce qu'il doit sa célébrité au vaste choix de bières tchèques qu'il propose à sa clientèle. « Maintenant que tout est arrangé, vous pourriez peut-être nous expliquer ce que cette fête a de si particulier », a suggéré mon jeune éditeur suédois. Et je me suis donc retrouvé, l'estomac plein de pommes de terre en salade et de bière à la pression, à tenter d'expliquer à quelques Suédois férus de littérature et à moitié soûls ce qu'est Yom Kippour.

Les Suédois m'ont écouté, ébahis. L'idée d'une journée pendant laquelle aucun véhicule à moteur ne circule dans les villes, d'une journée où tout le monde va à pied en laissant son portefeuille à la maison et où tous les magasins sont fermés, une journée sans télé et même sans mise à jour sur les sites web – tout cela évoquait plus pour eux un concept novateur à la Naomi Klein qu'une fête juive remontant à la plus haute antiquité. Le fait que c'est aussi une journée pendant laquelle on est censé demander pardon à autrui et se livrer à un inventaire moral ajoutait pour eux à son aspect de lutte contre la société de consommation un relent bienvenu de culture hippie. Quant au jeûne, on aurait dit une version intégriste du régime pauvre en glucides, très tendance, dont on m'avait vanté les mérites en termes enflammés le matin même. Du coup, alors que j'avais commencé en m'efforçant d'expliquer dans mon maigre anglais cet antique rite hébreu, je me suis retrouvé en train de faire la promo de la célébration la plus convoitée, la plus cool du monde, véritable iPhone des fêtes religieuses.

Conquis, les Suédois brûlaient d'envie, jalousant la chance que j'ai d'être né au sein d'une religion si merveilleuse. À les voir jeter des regards à gauche et à droite dans la salle, je me suis presque mis à croire que, saisis d'un fervent désir, ils espéraient la présence parmi la clientèle d'un circonciseur prêt à trancher en faveur de leur conversion.

Vingt-six heures plus tard, je me baladais avec ma femme sur la voie centrale d'une des avenues d'ordinaire les plus encombrées de Tel-Aviv, notre petit garçon nous suivait sur son tricycle. Au-dessus de nos têtes on entendait les oiseaux gazouiller leur chant du matin. J'ai fréquenté cette artère toute ma vie d'adulte mais je n'y entends les oiseaux que le jour du Kippour.

« Dis, papa, a demandé mon fils hors d'haleine sans cesser de pédaler, demain c'est encore Kippour, hein ?

– Non, bonhomme, demain c'est un jour comme les autres. »

Il a fondu en larmes.

Immobile au milieu de la chaussée, j'ai regardé le petit pleurer.

« Allez, quoi, m'a chuchoté ma femme. Dis-lui quelque chose.

– Il n'y a rien à dire, mon amour, j'ai répondu en chuchotant moi aussi. Il a raison. »

Rendez-vous au tas de sable

Ce n'est pas pour me vanter, mais je jouis d'un statut unique, et j'oserai même dire un peu mythique, parmi les parents qui emmènent promener leurs enfants au parc Ezekiel, l'endroit de Tel-Aviv que mon fils préfère. J'aimerais pouvoir dire que ce beau succès est dû à mon charisme exceptionnel. Mais l'honnêteté m'oblige à reconnaître que je le dois à deux qualités fort communes et pas particulièrement reluisantes : je suis un homme, et je ne travaille presque jamais. C'est pourquoi au parc Ezekiel on m'appelle « *haabba* », le papa, sobriquet presque religieux, et d'ailleurs assez peu juif, que tous les habitués du parc prononcent avec un profond respect. Selon toute apparence, la plupart des pères de mon quartier partent au travail tous les matins, de telle sorte que la paresse constitutive dont ma personnalité est affligée depuis bien des années a fini par passer pour une sensibilité et une affection sans égales, prouvant une authentique compréhension de la jeune âme tendre des enfants.

Être « le papa » me permet de prendre une part active à toutes sortes de conversations portant sur un large éventail de sujets qui, voilà peu, m'étaient encore parfaitement étrangers, dans des tas de domaines, l'allaitement, les trayeuses, les mérites relatifs des couches lavables en tissu comparés à leurs homologues jetables. J'éprouve un apaisement confinant à la perversité à discuter de ce genre de choses. Pour le juif totalement stressé que je suis, qui considère sa survie momentanée comme tout à fait exceptionnelle et pas le moins du monde banale ou négligeable, et dont les alertes Google ne couvrent qu'un territoire restreint entre les « progrès nucléaires iraniens » et « juifs + génocide », il n'est rien de plus agréable que quelques heures de tranquillité passées à discuter stérilisation des biberons, lessives bio, érythème et autres éruptions fessières du nouveau-né. Mais cette semaine, la magie a pris fin et la réalité politique s'est insidieusement infiltrée dans mon petit paradis personnel.

« Dites voir, m'a innocemment demandé Orit, la maman de Ron, trois ans. Lev, il fera l'armée quand il sera grand ? » J'ai été pris totalement au dépourvu. Ces trois dernières années, je ne compte plus les questions auxquelles j'ai dû répondre concernant l'avenir de mon fils. Mais la plupart sont du genre lourdingue, pas menaçant, style vous-lui-conseilleriez-d'être-artiste-même-si-à-en-juger-par-la-façon-dont-vous-êtes-habillé-ça-n'a-pas-l'air-de-rapporter-gros. Alors que ce truc sur l'armée m'a précipité dans un monde différent, vaguement surréaliste, dans lequel je voyais des dizaines de bambins balèzes, emmaillotés de couches en coton écologique, dévaler les montagnes sur des coursiers miniatures, brandissant des armes dans leurs menottes roses et poussant de féroces cris de guerre. Et mon mignon petit Lev joufflu leur fait face tout seul, en pantalon de treillis loqueteux et veste de combat. Un casque kaki, un peu trop grand, lui retombe sur les yeux et ses deux mains minuscules sont crispées sur un fusil terminé par une baïonnette. La première vague de cavaliers de la Pampers est sur le point de l'engloutir. La crosse du fusil calée au creux de l'épaule, il ferme un œil pour viser…

« Eh ben ? » Orit me tire brusquement de cette rêverie désagréable. « Vous lui ferez faire son service ou pas ? Ne me dites pas que vous n'en avez pas encore parlé tous les deux. » Je perçois quelque chose d'accusateur dans son ton, un peu comme si le fait de ne pas avoir déjà discuté l'avenir militaire de notre fils était aussi répréhensible qu'avoir magouillé pour ne pas le faire vacciner. Je refuse de céder à la culpabilité qui me vient si naturellement et je réponds sans hésiter : « Non, on n'en pas parlé. On a le temps. Il n'a que trois ans, tout de même.

– Si vous pensez avoir tout le temps, allez-y, prenez-le, rétorque Orit d'un ton sarcastique. Mais pour Ron, Reuven et moi, on a pris notre décision. Pas question qu'il aille à l'armée. »

Ce soir-là, assis devant le journal télévisé, je fais à ma femme le récit de ce curieux incident du parc Ezekiel. « C'est quand même bizarre, tu ne trouves pas, de parler du service militaire d'un petit qui ne sait même pas enfiler son slip tout seul ?

– Ça n'a rien de bizarre, réplique-t-elle. Au contraire, c'est tout naturel. Toutes les mamans du parc m'en parlent.

– Alors comment t'expliques qu'elles ne m'en aient jamais parlé jusqu'ici ?

– C'est parce que tu es un homme.

– Et puis après ? Je suis un homme mais ça ne les empêche pas de me parler d'allaitement.

– Bien sûr ! L'allaitement, elles savent que tu seras compréhensif et débordant d'empathie. Mais dès qu'il s'agira de service militaire, tu deviendras faux-jeton.

– J'ai pas été faux-jeton du tout. J'ai simplement dit que c'était une drôle d'idée de se préoccuper de ça quand le petit est encore si jeune. »

Ma défense n'est pas du goût de ma femme et elle passe aux aveux :

« Moi, je m'en préoccupe depuis le jour de sa naissance, figure-toi. Et puisqu'on en parle, autant que tu saches que je ne veux pas que Lev aille à l'armée. »

Je garde le silence. L'expérience m'a appris qu'il y a des situations dans lesquelles mieux vaut rester coi. Disons que j'essaie de rester coi. La vie me donne de bons conseils mais je ne les suis pas toujours. C'est plus fort que moi, je finis par lui dire que ça dénote une attitude très directive de sortir des choses pareilles.

« J'aime autant être "directive", rétorque ma femme, que de participer à une cérémonie funèbre militaire au mont des Oliviers dans quinze ans d'ici. Si c'est directif d'empêcher son fils de risquer sa vie, c'est exactement ce que je suis. »

À partir de là, la discussion a commencé à s'échauffer et j'ai éteint la télé. J'ai dit : « Non mais écoute-toi. Tu parles comme si l'armée était une espèce de sport extrême. Mais qu'est-ce qu'on y peut ? On habite une partie du monde où nos vies en dépendent. Alors, en fait, tu préfères que ce soient les enfants des autres qui partent à l'armée et se sacrifient, pendant que Lev continuera de mener une vie peinarde ici, sans prendre aucun risque ni endosser aucune des obligations qu'induit la situation ?

– Non. Ce que je dis, c'est qu'on aurait pu arriver

à une solution pacifique depuis longtemps et que c'est encore possible. Et si nos dirigeants se permettent de ne pas le faire, c'est parce qu'ils savent que la plupart des gens sont comme toi : ils n'hésiteront pas à mettre la vie de leurs enfants entre les mains d'un gouvernement irresponsable. »

Je suis sur le point de répondre quand je sens qu'une autre paire d'yeux immenses m'observe. Lev est debout au seuil du salon. Il demande : « Papa, pourquoi tu te disputes avec maman ?

– On se dispute pas vraiment. » J'essaie de trouver quelque chose à dire. « C'est pas une vraie dispute. Juste un entraînement. »

Depuis cette conversation avec Orit, aucune des mamans du parc ne m'a reparlé du service militaire de Lev. Mais je n'arrive pas à chasser de mon esprit son image en uniforme, avec un fusil. Hier encore, au bac à sable, je l'ai vu repousser d'une bourrade cette mauviette pacifiste de Ron, le fils d'Orit, et un peu plus tard, sur le chemin du retour, il a poursuivi un chat en brandissant un bâton. Commence à mettre du fric de côté, papa, me suis-je dit. Mets de côté les honoraires d'un bon avocat. C'est pas seulement un soldat que t'es en train d'élever, c'est un criminel de guerre en puissance. Je ne demanderais pas mieux que de partager ces pensées avec ma femme mais, comme on a à peine survécu à l'accrochage précédent, je me garde bien d'en déclencher un nouveau.

La dispute s'était conclue par une espèce d'accord. J'ai d'abord proposé ce qui me paraissait équitable : quand il aura dix-huit ans, on le laissera décider. Mais ma femme a refusé aussitôt, sous prétexte qu'il ne serait jamais capable d'un choix réellement libre avec toutes les pressions sociales qui s'exercent autour de lui. Pour finir, épuisés, et en l'absence de toute autre solution, on a décidé de passer un compromis fondé sur le seul principe avec lequel on est vraiment d'accord tous les deux : on va passer les quatorze années qui viennent à œuvrer pour la paix – dans notre ménage, et dans toute la région.

Idolâtrie

À trois ans, j'avais un frère qui en avait dix, et au fond de mon cœur j'espérais qu'en grandissant je deviendrais exactement comme lui. Alors que je n'avais aucune chance d'y arriver. Mon grand frère avait déjà sauté deux classes et sa compréhension de toute chose, de la physique atomique à l'alphabet cyrillique en passant par la programmation des ordinateurs, était à vous rendre vert de jalousie. C'est à cette même époque que mon grand frère a commencé à s'inquiéter sérieusement pour moi. Il avait lu dans *Haaretz* un article expliquant que les illettrés sont exclus du marché du travail et l'idée que son petit frère bien-aimé aurait du mal à trouver un boulot le tracassait. Il décida donc de m'apprendre à lire et à écrire à l'aide d'une technique tout à fait extraordinaire qu'il appelait « la méthode du chewing-gum ». La voici exposée brièvement : mon frère montrait un mot que je devais lire à haute voix. Si je lisais correctement, il me donnait une tablette de chewing-gum. Dans le cas contraire, il me collait son chewing-gum mâché dans les cheveux. L'efficacité de la méthode tenait de la magie et, à l'âge de quatre ans, j'étais le seul élève de maternelle à savoir lire. J'étais aussi le seul qui, à première vue du moins, présentait un début de calvitie. Mais c'est une autre histoire.

À cinq ans, j'avais un frère qui en avait douze, qui rencontra Dieu et partit pour un pensionnat religieux, et au fond de mon cœur j'espérais qu'en grandissant je deviendrais exactement comme lui. Il me parlait beaucoup de religion. Et je trouvais que les midrashim qu'il m'exposait étaient super cool. Il était le plus jeune élève de son école – à cause de toutes ces classes qu'il avait sautées – et tout le monde l'admirait. Pas parce qu'il était si intelligent – je ne sais pas pourquoi ça ne comptait pas tant que ça au pensionnat – mais parce qu'il était tellement gentil et serviable. Je me rappelle une fois où j'étais allé le voir le jour de Pourim et où tous les élèves qu'on croisait le remerciaient pour un truc ou un autre : celui-ci parce qu'il l'avait aidé à réviser avant un examen, celui-là parce qu'il avait réparé un transistor qui lui permettait d'écouter du heavy metal en douce, tel autre parce qu'il lui avait prêté ses crampons avant un match de foot important. Il se promenait à travers l'établissement comme un roi si modeste et rêveur qu'il ne se savait même pas royal, et je lui collais au train comme un prince conscient du privilège d'être de son sang. Je me rappelle m'être dit à l'époque que toute cette affaire de croire en Dieu était aussi mon avenir. Mon frère savait tout, c'était entendu, alors s'il croyait au Créateur, il y en avait forcément un.

À huit ans, j'avais un frère qui en avait quinze et qui laissa tomber la religion pour aller à la fac étudier les maths et l'électronique et au fond de mon cœur j'espérais qu'en grandissant je deviendrais exactement comme lui. Il partageait un appartement avec sa copine à lunettes, qui avait vingt-quatre ans, âge qui, à mes yeux d'enfant, en faisait une espèce d'antiquité. Ils échangeaient des baisers, buvaient de la bière et fumaient des cigarettes, et je ne cessais d'être convaincu que si je savais jouer habilement mes cartes, sept ans plus tard, j'en serais là à mon tour. J'irais m'asseoir sur l'herbe à l'université Bar-Ilan pour manger des toasts au fromage grillé de la cafète. J'aurais une copine à lunettes moi aussi, et elle m'embrasserait, avec la langue et tout. Que pouvait-on rêver de mieux ?

À quatorze ans, j'avais un frère qui en avait vingt et un et qui se battait au Liban. J'avais plein de copains de classe dont les frères étaient au front pendant la guerre du Liban. Mais le mien était à ma connaissance le seul à être contre. Bien que soldat, il ne prenait aucun plaisir à l'idée de se servir d'armes à feu et de balancer des grenades et encore moins à la nécessité de tuer l'ennemi. La plupart du temps, il faisait ce qu'on lui disait de faire, et le reste il le passait devant les tribunaux militaires. Après le procès où il fut jugé coupable de « conduite inconvenante pour un soldat des forces armées israéliennes », parce qu'il avait transformé une antenne-relais en gigantesque totem terminé par une tête et des ailes d'aigle, ma sœur et moi on s'était introduits en douce sur la lointaine base du Néguev où il était consigné. On passait des heures à jouer aux cartes avec lui et un autre troufion, Mosco, consigné lui aussi, mais pour des motifs nettement moins artistiques. En regardant mon frère en pantalon d'uniforme, torse nu, occupé à peindre une aquarelle de l'oued qui passait en contrebas de la base, j'ai su que c'était exactement ce que je voulais être quand j'aurais grandi : un soldat qui, même en uniforme, n'oublie jamais sa liberté d'esprit.

Des années ont passé depuis que je m'étais introduit en douce sur la base de mon frère. Il les a mises à profit pour se marier, divorcer, puis se remarier. Il s'est aussi débrouillé pour travailler dans plusieurs entreprises de haute technologie avant de laisser tomber de manière à se consacrer, avec sa deuxième femme, au genre d'activités sociales et politiques que les journalistes aiment bien qualifier de « radicales » – des trucs comme la lutte contre les fichiers biométriques et les brutalités policières, en faveur des droits de l'homme et de la légalisation du cannabis. Pendant le même laps de temps, je me suis débrouillé de mon côté pour grandir et changer de telle sorte qu'en dehors de l'amour que nous avons toujours éprouvé l'un pour l'autre, l'unique constante entre nous a été la différence d'âge de sept ans qui nous sépare. Au long de ce déjà long voyage, je n'ai jamais réussi à être plus qu'une pâle copie de mon frère ; ensuite, un moment est venu où je crois que j'ai même cessé d'essayer. Un peu parce que l'étrange itinéraire de mon frère était très difficile à suivre mais aussi parce qu'il m'a fallu affronter mes propres crises et mes propres incertitudes.

Depuis cinq ans, mon grand frère et sa femme sont installés en Thaïlande. Ils créent des sites Internet pour diverses organisations israéliennes et internationales qui s'acharnent à rendre notre monde un peu meilleur. Et avec le modeste salaire que leur vaut ce travail, ils vivent très bien dans le confort de leur appartement de la ville de Trat. Ils n'ont pas la clim, pas de baignoire, pas de chasse d'eau dans les toilettes, mais ils ont plein de bons copains et de voisins sympas qui font la cuisine la plus délicieuse du monde et sont toujours heureux d'être invités chez eux ou de les recevoir. Le mois dernier, ma femme, Lev et moi avons pris l'avion pour aller les voir dans leur nouveau séjour. Au cours de cette visite, nous avons fait une promenade à dos d'éléphant durant laquelle l'éléphant de mon frère précédait le mien de quelques pas. Les deux pachydermes étaient cornaqués par des Thaïs expérimentés. Au bout de quelques centaines de mètres, je vis le cornac de mon frère lui faire signe de le remplacer pour diriger leur monture. Le Thaï alla s'asseoir en arrière sur l'éléphant et mon frère prit les choses en main. Il ne se mit pas à hurler ni à décocher de petits coups de pied à l'éléphant comme l'avait fait le cornac. Penché en avant, il se contenta de lui murmurer quelque chose à l'oreille. De là où j'étais, on aurait dit que le gros animal faisait oui de la tête et tournait dans la direction souhaitée par mon frère. C'est alors que tout m'est revenu d'un seul coup – ce sentiment éprouvé pendant toute mon enfance et toute mon adolescence. Cette fierté que m'inspirait mon grand frère et l'espoir qu'en grandissant je deviendrais un peu comme lui, capable de mener des éléphants à travers les forêts vierges sans jamais avoir à élever la voix.

Hep taxi !

Nous n'avions pas sitôt mis les pieds dans ce taxi que je me suis dit : Ça craint. Et ce n'était pas parce que le chauffeur m'avait demandé d'une voix pleine d'impatience d'attacher la ceinture du petit sur la banquette arrière alors que je venais de le faire, ni parce qu'il grommela un juron quand je dis que nous allions à Ramat Gan. Je prends des tas de taxis, alors j'ai l'habitude des caractères de cochon, de la mauvaise humeur, de l'impatience, des cercles de sueur sous les bras. Mais il y avait quelque chose dans la façon de parler de ce chauffeur-là, quelque chose qui trahissait en partie la violence tout en donnant l'impression qu'il était au bord des larmes, et c'était ce qui me mettait mal à l'aise. Lev n'avait pas encore quatre ans et nous allions chez sa grand-mère. Contrairement à moi, il se fichait complètement du chauffeur pour concentrer son attention sur les hauts bâtiments affreux qui semblaient lui sourire sans cesse le long de la route. Il chantonnait « Yellow Submarine » tout doucement, avec des paroles qu'il inventait à mesure et qui avaient presque l'air d'être de l'anglais, tout en balançant en rythme ses courtes jambes. À un moment donné, sa sandale droite heurta le cendrier en plastique du taxi et le fit tomber sur le plancher. En dehors d'un emballage de chewing-gum, il était vide et rien ne fut donc renversé. Je me baissais déjà pour le ramasser quand le chauffeur pila, se tourna vers nous et, le visage tout près de celui de mon fils, un bambin de trois ans, se mit à gueuler, « Espèce d'idiot ! T'as cassé ma voiture, imbécile !

– Eh ! Oh ! Ça va pas la tête ? gueulai-je à mon tour au chauffeur. Brailler comme ça contre un môme de trois ans pour un bout de plastique ? Tenez votre volant et regardez la route, sinon je vous jure que la semaine prochaine vous ferez la toilette des cadavres à la morgue d'Abou Kabir parce que vous pourrez dire adieu à votre licence, c'est compris ? » Voyant qu'il s'apprêtait à dire quelque chose, j'ajoutai : « Bouclez-la et conduisez. »

Le chauffeur me lança un regard plein de haine. La possibilité de me flanquer son poing dans la gueule et de perdre son boulot flottait lourdement dans l'air. Il y réfléchit un bon bout de temps, prit une profonde inspiration, se retourna, passa la première et repartit.

À la radio, Bobby McFerrin chantait « Don't Worry, Be Happy » mais j'étais loin de me sentir heureux. Je regardai Lev. Il ne pleurait pas et, malgré l'embouteillage qui ralentissait considérablement la circulation, nous ne tarderions pas à arriver chez mes parents. Je me creusai la tête à la recherche d'un quelconque rayon de soleil qui éclairerait ce sinistre trajet en taxi mais ne trouvai rien. Je souris à Lev et lui ébouriffai les cheveux. Il me dévisagea intensément mais ne me rendit pas mon sourire. « Dis, papa, demanda-t-il, qu'est-ce qu'il a dit, le monsieur ?

– Le monsieur, m'empressai-je de répondre comme

si de rien n'était, il a dit qu'en voiture, quand on remue les jambes, il faut faire attention à ne rien casser. »

Lev approuva gravement de la tête, regarda par la vitre, et une seconde ne s'était pas écoulée qu'il demanda de nouveau, « Et toi, qu'est-ce que tu lui as dit au monsieur ?

– Moi ? demandai-je pour gagner du temps. J'ai dit au monsieur qu'il avait tout à fait raison mais qu'il aurait dû le dire tranquillement et poliment au lieu de hurler.

– Mais toi aussi t'as hurlé, fit Lev, perplexe.

– Je sais, oui. Et j'ai eu tort. D'ailleurs, tu sais quoi ? Je vais dire au chauffeur que je regrette d'avoir hurlé et que je m'excuse. »

Penché en avant au point que ma bouche effleurait la nuque épaisse et poilue du chauffeur, je dis d'une voix forte, déclamant presque, « Monsieur le chauffeur, je vous demande pardon d'avoir hurlé, je regrette de l'avoir fait, c'était un tort. » Sur ce, je me retournai vers Lev et souris de nouveau, ou du moins m'efforçai de sourire. Je regardai par la fenêtre, nous venions d'émerger de l'embouteillage dans la rue Jabotinsky ; le plus dur était derrière nous.

« Mais alors papa, repartit Lev en posant sa petite menotte sur mon genou, maintenant, le monsieur doit me demander pardon et me dire qu'il regrette à moi aussi. »

Je regardai le chauffeur devant nous, il était en nage. Manifestement, il entendait tout ce que nous disions. Mais plus manifestement encore, lui demander de présenter des excuses à un mouflet de trois ans n'était pas une très bonne idée. Les choses étaient déjà tendues à se rompre entre nous. « Mon chéri, dis-je en me penchant sur Lev, tu es un petit garçon intelligent et tu sais déjà des tas de choses sur le monde, mais tu ne sais pas tout. Et une des choses que tu ne sais pas encore, c'est que dire qu'on regrette ce qu'on a fait et demander pardon peut être une des choses les plus difficiles. Et faire une chose aussi difficile pendant qu'on conduit peut être très très dangereux. Parce qu'au moment même où on présente ses excuses, on risque d'avoir un accident. Mais tu sais ? Je crois que ce n'est pas la peine de demander au chauffeur de dire qu'il regrette parce qu'il me suffit de le regarder pour voir qu'il regrette ce qu'il a fait. »

Nous nous étions déjà engagés dans la rue Bialik – il ne restait plus qu'à prendre à droite dans Nordau puis à gauche dans l'allée Be'er. Plus qu'une minute et nous serions arrivés. « Mais papa, dit Lev plissant les paupières, moi, je ne vois pas qu'il regrette. » À cet instant, au beau milieu de la pente de la rue Nordau, le chauffeur pila encore une fois et mit le frein à main. Il se retourna et colla son visage tout près de celui de mon fils. Il ne dit rien, se contenta de regarder Lev dans les yeux ; une très longue seconde s'écoula. Et il dit à voix basse, « Tu peux me croire, petit, je regrette, mais alors qu'est-ce que je regrette ! »

Quatrième année

Bombe ou pas bombe

Quelques semaines avant la naissance de notre fils Lev, voilà bientôt quatre ans, deux questions de la plus haute importance philosophique se sont présentées à nous.

La première, va-t-il-ressembler-à-sa maman-ou-à-son-papa, a reçu une réponse rapide et sans équivoque à sa naissance : il était beau. Ou, ainsi que le dit ma chère épouse avec beaucoup d'à-propos, « La seule chose qu'il ait hérité de toi, ce sont ces longs poils dans le dos. »

Quant à la seconde, que-fera-t-il-quand-il-sera-grand, elle nous a tarabustés pendant les trois premières années de sa vie. Son mauvais caractère semblait le destiner à une carrière de chauffeur de taxi ; sa capacité phénoménale à se trouver des excuses le prédisposait plutôt au métier d'avocat ; et l'impérieuse domination qu'il a constamment exercée sur les autres montrait qu'il pouvait aspirer à occuper un poste élevé au sein d'un quelconque gouvernement totalitaire. Mais depuis quelques mois, le brouillard qui estompait l'avenir rose et replet de notre fils a commencé à se dissiper. Il sera probablement livreur de lait, sans quoi son étonnante aptitude à se réveiller chaque matin à cinq heures trente puis, immanquablement, à venir nous réveiller aussi, ne servirait strictement à rien.

Un mercredi, il y a deux semaines, alors que nous commencions douloureusement à nous habituer au réveil de cinq heures trente du matin, la sonnette de la porte d'entrée m'a tiré du lit encore plus tôt. Je suis allé ouvrir en pantalon de pyjama. Mon meilleur copain, Uzi, se tenait sur le seuil, blanc comme un linge. Sur le balcon, ayant allumé une cigarette qu'il s'est mis à fumer nerveusement, il m'a raconté qu'il avait dîné avec S., un petit maboul qu'on avait connu au cours élémentaire et qui était devenu, comme il se doit, un grand maboul, haut gradé dans l'armée de terre. Au dessert, quand Uzi eut fini de se vanter de ses derniers succès un peu louches d'agent immobilier, S. lui avait parlé d'un dossier secret qui était passé sur son bureau. Il s'agissait d'une étude sur la psychologie du président iranien. Selon le dossier, fourni par les services de renseignement, Mahmoud Ahmadinejad est l'un des seuls dirigeants du monde actuel dont l'opinion *off record* est encore plus fanatique que celle qu'il exprime en public.

« C'est presque toujours le contraire, avait expliqué S. Nos dirigeants sont des chiens qui aboient mais ne mordent pas. Alors que chez lui, il semble bien que le désir d'effacer Israël de la carte est nettement plus impérieux encore qu'il ne veut bien le dire. Et, comme tu le sais, il en dit déjà beaucoup dans ce domaine. »

« Tu vois le topo ? m'a demandé Uzi, en nage. Cet Iranien totalement dingue est prêt à détruire Israël quitte à entraîner l'anéantissement de l'Iran, parce que, dans une perspective panislamique, il considère que ce serait une victoire. Or, d'ici quelques mois, ce mec aura une bombe nucléaire. Une bombe ! Tu te rends compte de la catastrophe pour moi s'il la balance sur Tel-Aviv ? J'ai quatorze apparts en location, moi, à Tel-Aviv ! T'as déjà vu un mutant irradié qui continue de payer son loyer ponctuellement ?

– Oh, ressaisis-toi, Uzi. Tu seras pas seul à souffrir si on nous balance une bombe. Nous, par exemple, on a un enfant ici et…

– Les enfants payent pas de loyer, a vociféré Uzi. Les enfants ne signent pas un bail qu'ils s'empressent d'oublier à la seconde où il leur pousse un troisième œil !

– Tonton Uzi ! » C'est la voix encore endormie de Lev qui a résonné derrière moi. « Je peux en avoir un aussi, de troisième œil ? » C'est le moment de la conversation que j'ai choisi pour allumer une cigarette à mon tour.

Le lendemain, quand ma femme m'a demandé de faire venir un plombier pour s'occuper de la tache d'humidité qu'il y a au plafond de la chambre à coucher, je lui ai raconté ma conversation avec Uzi. « Si S. a raison, j'ai dit, ce serait vraiment une perte de temps et d'argent. Quel intérêt de réparer quoi que ce soit si la ville entière doit être rayée de la carte dans deux mois ? » J'ai suggéré qu'on pourrait peut-être attendre un semestre et que, si on est encore là et entier en mars, on fasse réparer le plafond à cette date. Ma femme n'a rien dit mais j'ai lu dans son regard qu'elle ne mesurait pas bien la gravité de la situation géopolitique. « Alors, si je te comprends bien, tu vas probablement vouloir remettre à plus tard les travaux de jardinage ? » elle m'a demandé. J'ai fait oui de la tête. Pourquoi sacrifier inutilement, en les plantant, des violettes, de jeunes citronniers et de jeunes orangers – ce serait du gâchis. Si j'en crois Wikipedia, ils sont particulièrement sensibles aux radiations.

Grâce aux renseignements fournis par l'agent Uzi, on s'est épargné un tas de corvées. L'unique tâche d'entretien à laquelle j'ai accepté de participer, c'est la destruction des cafards, parce qu'on sait que les retombées sont inoffensives pour cette fichue vermine. Peu à peu, ma femme elle-même a commencé à comprendre les avantages de cette existence un peu minable. Quand elle est tombée sur un site d'informations d'une fiabilité douteuse annonçant que l'Iran risquait de posséder déjà un arsenal nucléaire, elle a décidé qu'il était temps de renoncer à faire la vaisselle. Elle s'en est expliquée : « Je n'imagine rien de plus frustrant que de me faire vitrifier au moment où je serais en train de verser le liquide dans le compartiment du lave-vaisselle. À partir de maintenant, on lavera le strict minimum de vaisselle dont on a besoin. »

Cette philosophie du si-je-dois-partir-en-fumée-je-ne-veux-pas-mourir-en-gogo s'est étendue bien au-delà de l'interdit jeté sur le lave-vaisselle. Nous avons rapidement cessé de faire le ménage et de sortir les poubelles. Sur une suggestion de ma fine mouche de femme, nous avons filé à la banque solliciter le prêt d'une somme astronomique, dans l'idée que, si nous dépensions cet argent assez vite, on baiserait le système. « Qu'ils viennent donc nous chercher pour qu'on les rembourse quand le pays aura été transformé en un gigantesque cratère ! » On rigolait doucement en s'asseyant dans notre salon où le ménage n'avait pas été fait devant l'immense écran plasma de la télé toute neuve. Quel pied, tout de même, si une fois dans nos courtes vies on réussissait à marquer un point contre la banque.

Et puis j'ai fait un cauchemar dans lequel Ahmadinejad m'abordait dans la rue, m'étreignait, m'embrassait sur les deux joues et disait dans un yiddish impeccable, « *Ich hub dir lieb* », « Je t'aime, mon frère. » J'ai réveillé ma femme. Elle avait un peu de plâtre sur la figure. Le problème de la tache d'humidité au plafond au-dessus de notre lit s'était aggravé. « Qu'est-ce qu'il y a ? s'est-elle écriée, terrifiée. C'est les Iraniens ? »

J'ai acquiescé mais me suis empressé de la rassurer, ce n'était qu'un rêve.

« T'as rêvé qu'ils nous anéantissaient ? elle a demandé en me caressant la joue. Ce cauchemar-là, moi, je le fais toutes les nuits.

– Pire que ça. J'ai rêvé qu'on faisait la paix avec eux. »

Ça lui a flanqué un coup. « S. s'est peut-être trompé, a-t-elle murmuré. Peut-être que les Iraniens ne vont pas attaquer. Et on va se retrouver avec cet appart dégoûtant qui commence à tomber en ruine, une énorme dette à la banque, et tes étudiants, à qui tu avais promis de rendre leur copie d'ici janvier alors que t'as même pas commencé à les corriger. Et puis il y a tes cousins à Eilat, ces *nudnik*, les gens les plus chiants de la Terre, qu'on a promis d'aller voir à Pessah parce qu'on était sûrs que d'ici là…

– C'était qu'un rêve, j'ai essayé de la rassurer. Il est dingue, Ahmadinejad, suffit de voir ses yeux. » Mais ça n'a pas suffi, c'était trop tard. Je l'ai prise dans mes bras et l'ai serrée de toutes mes forces pendant que ses larmes coulaient dans mon cou et j'ai soufflé à son oreille, « T'en fais pas, chérie. On est increvables nous deux. On a déjà survécu à des tas de choses ensemble – à des maladies, des guerres, des attentats, et si c'est la paix que le sort nous réserve, on y survivra aussi. » Elle a fini par se rendormir mais moi je n'ai pas pu. Alors je me suis levé pour donner un coup de balai dans le salon. Demain matin, à la première heure, j'appelle un plombier.

Ma regrettée sœur

Voilà dix-neuf ans, dans une petite salle des mariages de Bnei Brak, ma grande sœur est morte, et elle vit maintenant dans le quartier le plus orthodoxe de Jérusalem. Je suis récemment allé passer le week-end chez elle. C'était mon premier shabbat là-bas. Je vais souvent lui rendre visite en semaine mais le mois dernier, avec tout le travail que j'avais et mes voyages à l'étranger, c'était samedi ou rien. « Fais bien attention à toi, a dit ma femme comme je m'apprêtais à partir. Tu n'es pas en très bonne forme en ce moment, tu sais. Ne te laisse pas faire s'ils essaient de te convaincre de devenir religieux ou va savoir quoi. » J'ai répondu qu'elle n'avait pas à s'inquiéter. Moi, quand il s'agit de religion, je suis intraitable – y a pas de bon dieu ! Quand je suis en forme je n'ai besoin de personne, et quand j'ai le cafard et qu'un gouffre s'ouvre en moi, je sais bien qu'il n'y a jamais eu et qu'il n'y aura jamais aucun dieu qui soit de taille à combler un si grand vide. Alors, que cent rabbins prosélytes volent au secours de mon âme dans leurs prières si ça leur chante, mais ça ne les mènera nulle part. Je n'ai pas de dieu, mais il se trouve que ma sœur en a un, et que j'aime ma sœur, je m'efforce donc de rester dans les limites du respect pour le grand Manitou.

La période au cours de laquelle ma sœur a découvert la religion fut sans doute la plus déprimante dans l'histoire de la pop israélienne. La guerre du Liban venait de se terminer et personne n'avait envie d'entendre des airs joyeux. Ce qui n'empêchait pas toutes ces ballades sur les jeunes et beaux soldats fauchés dans la fleur de leur âge de nous taper sur les nerfs. Les gens avaient envie de chansons tristes mais pas de ces radotages sans fin sur cette guerre calamiteuse et dépourvue de tout héroïsme que chacun s'efforçait d'oublier. Du coup, se multiplièrent les chansons d'un genre nouveau : le chant funèbre pour l'ami devenu religieux. Ces chansons décrivaient toujours le bon copain ou la jolie nana, raison de vivre du chanteur, qui brusquement, à la suite d'un épouvantable malheur, se faisait orthodoxe. Le copain se laissait pousser la barbe et priait sans arrêt, la nana se couvrait de la tête aux pieds et se refusait désormais au pauvre chanteur. Les jeunes écoutaient ces chansons en hochant la tête d'un air sinistre. La guerre du Liban avait décimé leurs potes et ils avaient d'autant moins envie de voir ceux qui restaient disparaître à jamais dans quelque yeshiva du fin fond de Jérusalem.

Et la scène musicale n'était pas la seule à découvrir ces juifs re-nés. Les médias se les arrachaient. Il n'y avait pas un talk-show qui ne réservât un siège, fauteuil club ou haut tabouret design, à tel people converti de fraîche date, qui tenait à faire savoir à tous que la vie de débauche et les mœurs dissolues avec lesquelles il ou elle avait rompu ne lui manquaient pas le moins du monde, ou encore à tel ex-ami d'un re-né célèbre, pour des confidences et des révélations sur le changement qui s'était opéré chez le copain depuis qu'il était devenu religieux, et qu'on ne pouvait même plus lui parler. Pareil pour moi. Dès l'instant où ma sœur avait franchi la frontière en direction de la divine providence, je devins une espèce de célébrité locale. Des voisins qui jamais ne m'auraient accordé la moindre attention s'arrêtaient pour me gratifier d'une vigoureuse poignée de main assortie de leurs condoléances. Les plus cool des élèves de terminale, tout de noir vêtus, me serraient amicalement la pince juste avant de monter dans le taxi qui les conduirait vers les boîtes de Tel-Aviv. Puis ils baissaient la vitre pour me beugler le chagrin terrible que leur causait ma sœur. Si les rabbins avaient chopé une moche, ils se seraient fait une raison ; mais un tel canon… tu parles d'un gâchis !

Pendant ce temps-là ma regrettée sœur étudiait dans un séminaire de femmes à Jérusalem. Elle venait nous voir toutes les semaines ou presque et semblait heureuse. Les semaines où elle avait un empêchement, c'étaient nous qui allions la voir. J'avais quinze ans et elle me manquait terriblement. Quand elle était partie pour l'armée, avant de devenir religieuse, comme instructrice d'artillerie dans le Sud, je ne la voyais pas beaucoup non plus mais, je ne sais trop pourquoi, elle me manquait moins.

Quand on se voyait, je la regardais de près, cherchant à distinguer les changements opérés en elle. Avaient-ils réussi à transformer son regard, son sourire ? On parlait comme on l'avait toujours fait. Elle me racontait encore les histoires rigolotes qu'elle inventait spécialement pour moi et elle m'aidait à faire mes devoirs de maths. Mais mon cousin Gili, qui était membre des jeunesses du Mouvement contre la coercition religieuse, et en connaissait un rayon sur les rabbins et tout ça, me dit que c'était une question de temps. Ils n'avaient pas fini de lui laver le cerveau, mais dès que ce serait fait, elle se mettrait à parler yiddish, on lui raserait la tête et on lui ferait épouser un gros mec mou, suant et soufflant, repoussant, qui lui interdirait de me voir. Ça pouvait prendre encore un an ou deux mais j'avais intérêt à m'y préparer parce que, une fois mariée, elle continuerait peut-être de respirer, mais de notre point de vue ce serait comme si elle était morte.

Voilà dix-neuf ans, dans une petite salle des mariages de Bnei Brak, ma grande sœur est morte et elle vit maintenant dans le quartier le plus orthodoxe de Jérusalem. Elle a un mari, étudiant dans une yeshiva, exactement comme Gili avait prévu. Il n'est ni mou ni suant ni soufflant ni repoussant, et il a même l'air content chaque fois que mon frère ou moi allons leur rendre visite. Gili m'avait aussi prédit, voilà près de vingt ans, que ma sœur aurait des hordes d'enfants et que, chaque fois que je les entendrais parler yiddish, comme s'ils vivaient dans un shtetl paumé au fin fond de l'Europe de l'Est, j'aurais envie de pleurer. Là, il n'avait qu'à moitié raison parce que, si elle a effectivement des tas d'enfants, tous plus mignons les uns que les autres, quand ils parlent yiddish, ça me fait plutôt sourire.

Quand j'entre chez ma sœur, moins d'une heure avant le shabbat, les enfants m'accueillent à l'unisson d'un « Comment je m'appelle ? ». La tradition est née un jour où je les avais confondus. Si l'on veut bien considérer que ma sœur en a onze, et que chacun d'entre eux a un prénom composé, comme un fusil à canon double, une habitude chez les hassidim, on jugera mon erreur pardonnable. Que tous les garçons soient habillés de la même façon et équipés de papillotes identiques de part et d'autre du visage constitue une vraie circonstance atténuante. N'empêche que tous, de Shlomo-Nachman jusqu'au plus jeune, insistent pour s'assurer que leur bizarre tonton n'est pas dans les nuages et remet leurs cadeaux respectifs à chacun des neveux auxquels ils sont destinés. Il y a deux ou trois semaines, ma mère m'a dit qu'elle avait causé avec ma sœur et qu'elle a retiré de cette conversation le sentiment que ce n'était pas fini, de sorte que d'ici un an ou deux, si Dieu le veut, j'aurai encore un prénom composé à caser dans ma pauvre mémoire, pan, pan !

Une fois passé haut la main le test de l'appel, j'ai droit à un verre de cola strictement casher pendant que ma sœur, qui ne m'a pas vu depuis longtemps, s'installe à sa place de l'autre côté du salon en disant qu'elle veut savoir ce que j'ai fabriqué. Elle adore m'entendre dire que je suis prospère et heureux, mais dans la mesure où le monde dans lequel je vis n'est pour elle que frivolités, elle ne s'intéresse guère aux détails. L'idée que ma sœur ne lira jamais une seule de mes nouvelles me désole, je l'avoue, mais le fait que je n'observe pas le shabbat et que je ne mange pas casher la désole, elle, encore bien plus.

J'ai écrit naguère un livre pour les enfants et l'ai dédicacé à mes neveux. Dans le contrat, l'éditeur a donné son accord pour que l'illustrateur confectionne un exemplaire spécial où tous les hommes porteraient la calotte et les papillotes et les femmes des jupes et des manches assez longues pour être considérées comme pudiques. Cela n'a pas empêché le rabbin de ma sœur, celui qu'elle consulte sur les questions de religion et de convenances, de rejeter cette version. Mon histoire racontait aux enfants celle d'un papa qui prend la poudre d'escampette avec un cirque. Le rabbin a sans doute trouvé la chose franchement trop osée et j'ai dû remballer ma version « casher » du livre, celle qui avait demandé tant d'habileté et d'heures de travail à l'illustrateur.

Il y a une dizaine d'années j'ai fini par me marier mais la pire période de nos relations se déroula avant le mariage : ma copine ne pouvait venir avec moi quand je rendais visite à ma sœur. Pour être tout à fait franc, je dois ajouter que, pendant les neuf ans que nous avons passés ensemble avant cette date, nous nous sommes mariés des dizaines de fois au cours de toutes sortes de cérémonies de notre invention : avec un baiser sur le nez dans un restaurant de poisson de Jaffa, en échangeant des câlins dans un hôtel délabré de Varsovie, en nous baignant tout nus sur la plage de Haïfa, et même en partageant un Kinder Surprise dans le train d'Amsterdam à Berlin. Mais il faut bien dire qu'aucune de ces cérémonies n'est malheureusement reconnue par les rabbins ou par l'État. De sorte que, lors de mes visites à ma sœur et à sa famille, ma copine devait toujours m'attendre non loin, dans un café ou un jardin. Au début ça me gênait de lui demander ça, mais elle comprenait la situation et l'acceptait. Quant à moi, oui, je l'acceptais – que pouvais-je faire d'autre ? – mais jusqu'à aujourd'hui je ne peux pas vraiment dire que je la comprends.

Voilà dix-neuf ans, dans une petite salle des mariages de Bnei Brak, ma grande sœur est morte, et elle vit maintenant dans le quartier le plus orthodoxe de Jérusalem. À l'époque, il y avait une fille que j'aimais à en mourir mais qui ne m'aimait pas. Je me souviens que deux semaines après son mariage j'étais allé voir ma sœur à Jérusalem. Je voulais qu'elle prie pour que cette fille et moi, on se mette ensemble. C'est dire si j'étais désespéré. Ma sœur se tut une minute avant de m'expliquer qu'elle ne pouvait pas accéder à ma demande. Parce que, si elle priait et qu'ensuite cette fille et moi, on se mettait ensemble et que le fait d'être ensemble se révélait infernal, elle s'en voudrait terriblement. « Je vais plutôt prier pour que tu fasses la connaissance d'une personne avec laquelle tu seras heureux, me dit-elle avec un sourire qu'elle voulait réconfortant. Je prierai pour toi tous les jours. Je te le promets. » Je vis qu'elle avait envie de me serrer dans ses bras et se désolait que cela ne lui soit pas permis mais peut-être étais-je victime de mon imagination. Dix ans plus tard j'ai fait la connaissance de ma femme, et être avec elle m'a réellement rendu heureux. Qui a dit que les prières n'étaient jamais exaucées ?

Vol d'oiseau

Sans ma mère, il y a de grandes chances pour que nous ayons continué de penser que tout allait bien. C'était un samedi matin tout à fait ordinaire et elle nous dit que son petit-fils lui avait demandé de jouer avec lui à un jeu pas comme les autres, un jeu auquel on peut jouer seulement sur le téléphone de maman. C'est très facile : tout ce qu'il y a à faire, c'est lancer des oiseaux au lance-pierre pour qu'ils détruisent des bâtiments habités par des cochons verts.

« Ah, Angry Birds, on s'est écriés en chœur ma femme et moi. C'est notre jeu préféré.

– Jamais entendu parler, dit ma mère.

– Vous êtes probablement la seule, dit ma femme. Je pense qu'il doit y avoir plus de soldats japonais cachés dans les forêts qui ignorent encore que la Seconde Guerre mondiale est finie que de gens dans le monde entier qui ne connaissent pas ce jeu. Je pense que la popularité de ce jeu sur iPhone dépasse celle de tous les autres réunis.

– Et moi qui croyais que votre jeu favori, c'était *Pioche*, les sept familles de fleurs d'Israël, bougonne ma mère, vexée.

– Non, ça c'est fini, maintenant, dit ma femme.

Combien de fois peut-on dire à quelqu'un, "Dans la famille des liliacées je voudrais la jacinthe", sans se mettre à bâiller ?

– Tout de même, ce jeu, reprit ma mère, je l'ai regardé sans mes lunettes mais j'ai bien vu que ces oiseaux ont l'air de mourir quand ils atteignent leur cible.

– Ils se sacrifient pour parvenir à un but qui transcende leur personne, m'empressai-je d'intervenir. C'est un jeu qui enseigne les valeurs.

– Ça se peut, dit ma mère. Mais enfin ce but, c'est seulement de faire tomber des bâtiments sur la tête de charmants petits cochons qui ne leur ont jamais fait aucun mal.

– Ils ont volé nos œufs », répondit ma femme qui ne voulait pas lâcher l'affaire.

Et je renchéris :

« Oui. C'est un jeu éducatif qui apprend à ne pas voler.

– Soyons plus précis, rétorqua ma mère, il apprend surtout à tuer les voleurs et à sacrifier sa vie pour le faire.

– Ils n'auraient pas dû voler les œufs, fit ma femme de la voix étranglée de larmes qui lui vient quand elle sait qu'elle va perdre la partie dans une discussion.

– Je ne comprends pas, continua ma mère. Ces porcelets ont-ils eux-mêmes volé vos œufs ou est-ce qu'il s'agit d'une forme de châtiment collectif ?

– Qui veut du café ? » crus-je bon de demander.

Après le café, notre famille battit son propre record Angry Birds quand l'équipe formée par mon fils, qui est expert dans le lancement d'oiseaux à fragmentation contre des cibles multiples, et ma femme, quant à elle experte dans l'art de lancer des oiseaux à tête en fer rectangulaire capables de pénétrer les matériaux les plus résistants, réussit à démolir une construction particulièrement bien fortifiée, en forme de ruche, sur la tête verte et enflée du prince moustachu des cochons qui prononça son dernier « Ho-la » avant d'être réduit au silence éternel.

Pendant que nous mangions des sablés pour fêter notre victoire morale sur les vilains cochons, ma mère recommença à nous harceler. « Qu'est-ce qu'il a donc ce jeu pour que vous l'adoriez comme ça ? demanda-t-elle.

– J'adore le drôle de bruit que les oiseaux font quand ils s'écrasent sur des trucs, gloussa Lev.

– Moi, j'adore le côté physique, géométrique, de la chose. » Je haussai les épaules. « Tout ce qui relève du calcul des angles.

– J'adore tuer des trucs, murmura ma femme d'une voix qui tremblait. Démolir des constructions et tuer des trucs. C'est vraiment jouissif. J'adore.

– Et ça améliore réellement la coordination, dis-je parce que je n'avais pas renoncé à jouer les médiateurs.

– Quand ces cochons explosent et volent en éclats, et quand leurs baraques s'effondrent…, poursuivit ma femme, ses yeux verts perdus dans la contemplation de l'infini.

– Quelqu'un veut encore un peu de café ? » Voilà tout ce que je trouvai à dire.

Ma femme était le seul membre de la famille qui n'avait pas pris de gants. Si Angry Birds a un tel succès chez nous et partout ailleurs, c'est que nous adorons tuer et démolir. D'accord, les cochons ont bel et bien volé nos œufs au début du jeu mais, entre nous, ce n'est qu'un prétexte pour déchaîner contre eux une bonne vieille rage de derrière les fagots. Plus j'y pense, plus la chose prend clairement forme dans mon esprit.

Sous l'adorable apparence de ces bêtes rigolotes et de leurs voix cocasses, Angry Birds correspond parfaitement à l'esprit qui anime l'intégrisme religieux et le terrorisme.

Je sais que Steve Jobs n'aurait pas apprécié – et que son successeur n'appréciera pas – cette dernière phrase, et je sais qu'elle est loin d'être politiquement correcte. Mais quelle autre explication pourrait-on trouver à un jeu dans lequel on est prêt à sacrifier sa vie dans l'unique but de détruire les maisons d'ennemis désarmés, causant la mort de leurs femmes et de leurs enfants ? Et je n'ai encore rien dit des cochons : le porc, cet animal malpropre qui dans les discours des islamistes fanatiques symbolise souvent les races d'hérétiques promis à la mort. Qu'on y pense, des vaches ou des moutons auraient aussi bien pu voler nos œufs, mais les concepteurs du jeu ont délibérément arrêté leur choix sur de gras cochons capitalistes, verts comme le dollar.

D'ailleurs, mon jugement n'est pas entièrement négatif. J'imagine que le lancement d'oiseaux à la tête carrée contre des murs de pierre sera pour moi ce qui s'approche le plus d'une mission-suicide au cours de ma vie. Cela constitue peut-être une façon distrayante et bien maîtrisée d'apprendre que la colère n'est pas réservée aux oiseaux et aux terroristes, j'y suis accessible aussi et il n'est pas mauvais que je dispose d'un moyen relativement inoffensif, dans un contexte ludique, d'apprendre à connaître cette colère et de la laisser se déchaîner pendant un certain temps.

Quelques jours après cette curieuse conversation avec ma mère, elle se présenta chez nous accompagnée de mon père portant un paquet-cadeau rectangulaire emballé de papier à fleurs. Lev se jeta dessus pour l'ouvrir et y trouva un plateau carré et divers accessoires parmi lesquels des fac-similés de dollars occupaient une place importante.

« Vous disiez que vous en aviez assez du jeu des sept familles, dit ma mère, alors on a décidé de vous offrir un Monopoly.

– Et comment on y joue ? demanda Lev, méfiant.

– Il faut gagner de l'argent, expliqua mon père. Beaucoup d'argent ! Tu dois rafler tout l'argent de tes parents pour te retrouver riche à millions et les laisser sans un kopeck.

– Génial ! s'écria Lev tout content. Mais c'est quoi, les règles ? »

Et depuis ce jour, la paix règne chez les cochons verts. Il est vrai que je ne suis pas allé m'en assurer sur place avec l'iPhone de maman, mais je suis convaincu qu'en leur faisant une visite, je les trouverai poussant de gentils grognements satisfaits en s'affairant à reconstruire un balcon ou à creuser un abri pour leurs petits alors que notre situation à ma femme et moi ne cesse de se détériorer. Nos affaires périclitent. Chaque soir, quand Lev s'est endormi, nous nous asseyons à la cuisine pour calculer le montant de nos nouvelles dettes envers notre cupide rejeton, qui détient plus de quatre-vingt-dix pour cent de l'immobilier du Monopoly, ainsi que les compagnies et organismes gérant les infrastructures. Une fois enregistré le résultat de nos calculs, un chiffre avec plein de zéros, nous allons nous coucher. Je ferme les yeux, m'efforçant de ne pas penser au fruit joufflu de nos entrailles, cet enfant au cœur sec, qui aura tôt fait de nous déloger ma femme et moi des deux ou trois cartons déchirés qui nous servent actuellement de logis sur le plateau du Monopoly, puis le sommeil arrive enfin, béni soit-il, et avec lui, les rêves. Me voilà redevenu oiseau, je vole à travers le ciel bleu, fondant à travers les nuages en un plongeon à couper le souffle, pour aller heurter de ma tête carrée, bouillonnant d'une soif délirante de vengeance, les têtes vertes de cochons moustachus mangeurs d'œufs. Ho-la !

Cinquième année

Pologne imaginaire

Quand j'étais petit, j'essayais d'imaginer la Pologne. Ma mère, qui a grandi à Varsovie, me racontait des tas d'histoires sur la ville, sur le boulevard Yerushalayem (Aleja Jerozolimskie), où elle était née et avait joué, petite fille, sur le ghetto où elle avait passé ses années d'enfance à tenter de survivre et où elle avait perdu toute sa famille. En dehors d'un cliché flou dans le livre d'histoire de mon frère aîné, portrait d'un grand moustachu avec une carriole attelée d'un cheval à l'arrière-plan, je ne disposais d'aucune image fondée sur la réalité de ce pays lointain, mais le besoin que j'éprouvais d'imaginer le lieu où ma mère avait grandi et où mes grands-parents et mon oncle sont enterrés était si fort que j'essayais sans cesse de le créer par l'esprit. Je me représentais des rues semblables à celles que je voyais dans les illustrations des romans de Dickens. Dans ma tête, les églises dont me parlait ma mère sortaient tout droit d'une vieille édition moisie de *Notre-Dame de Paris*. Je l'imaginais arpentant le pavé de ces ruelles, évitant prudemment de bousculer au passage de grands moustachus et toutes les images que j'inventais étaient toujours en noir et blanc.

Ma première rencontre avec la Pologne réelle a eu

lieu voilà dix ans quand je fus invité à la Foire du livre de Varsovie. Je me rappelle ma surprise au sortir de l'aéroport, réaction que je fus incapable de m'expliquer sur le moment. Par la suite, je me suis rendu compte que c'était le spectacle de cette Varsovie en Technicolor qui avait causé ma surprise, avec ses rues où des hordes de voitures japonaises bas de gamme avaient remplacé les carrioles à cheval et même, c'est vrai, le fait que le visage de la plupart des hommes qu'on y croisait était glabre.

Au cours des dix dernières années, je suis allé en Pologne près d'une fois par an. On n'arrêtait pas de m'y inviter et, bien qu'ayant décidé de mettre la pédale douce sur les voyages en avion, j'avais du mal à éconduire les Polonais. Certes, la plupart des membres de ma famille avaient péri là-bas dans des circonstances atroces, mais la Pologne n'en restait pas moins le pays où ils avaient vécu et prospéré pendant des générations et l'attirance que j'éprouvais pour cette terre et ses habitants était presque mystique. M'étant mis en quête de la maison où ma mère était née, je découvris qu'une banque l'avait remplacée. Je me rendis à l'adresse d'une autre maison où elle avait passé une année de sa vie pour constater que c'était à présent un champ où poussaient de hautes herbes. Assez bizarrement, je dois dire que je n'en ressentis nulle frustration, n'en conçus ni colère ni tristesse, et que je pris même des photos des deux. Bien sûr j'aurais préféré trouver une maison plutôt qu'une banque ou un champ mais je me dis qu'une banque, après tout, cela valait mieux que rien.

Pendant mon dernier séjour en Pologne, voilà quelques semaines, à l'occasion d'un festival du livre dans une autre région du pays, une charmante photographe du nom d'Elzbieta Lempp me demanda si je voulais bien qu'elle me tire le portrait. J'acceptai avec empressement. Elle me photographia dans un café où j'attendais le moment de donner lecture d'un de mes textes et, à mon retour en Israël, je découvris qu'elle m'avait envoyé la photo par email. C'était un cliché noir et blanc où j'apparaissais en conversation avec un grand moustachu. À l'arrière-plan, un vieil immeuble plutôt flou. Tout dans cette photographie semblait avoir été saisi non dans la réalité mais bien dans la Pologne imaginaire de mes rêveries d'enfant. Même l'expression de mon visage semblait polonaise et d'un sérieux à faire peur. Je m'absorbai dans la contemplation de cette image. Si j'avais pu, par je ne sais quelle opération magique, faire que la photo s'anime, mon alter ego photographique serait sorti du cadre et rien ne l'aurait, je crois, empêché de retrouver la maison où ma mère est née. Peut-être même aurait-il eu assez de courage pour frapper à la porte. Et allez savoir qui serait venu ouvrir : la grand-mère ou le grand-père que je n'ai jamais connu, peut-être même une toute petite fille souriante qui n'avait aucune idée de ce que l'avenir cruel lui réservait. Je suis resté longtemps en contemplation, jusqu'à ce que Lev entre dans la pièce et me voie assis là, les yeux rivés à l'écran de l'ordinateur. « Comment ça se fait que cette photo ait pas de couleurs ? » a demandé mon fils. J'ai souri en disant, « C'est de la magie », et je lui ai ébouriffé les cheveux.

Matous

Pour me préparer à l'entretien auquel la maîtresse de maternelle de Lev nous a conviés, je me suis rasé et j'ai sorti mon beau costume de la penderie.

Ma femme s'est fichue de moi. « On a rendez-vous à dix heures du matin ! La maîtresse sera probablement en survêt. Toi avec ta chemise blanche et ton veston, t'auras l'air d'un futur marié.

– Détrompe-toi. J'aurai l'air d'un avocat. Et quand l'entrevue sera terminée, tu me remercieras de m'être mis sur mon trente et un.

– Qu'est-ce qui te fait croire qu'elle a demandé à nous voir parce que Lev a fait une bêtise ? a protesté ma femme. Peut-être qu'elle veut seulement nous dire que c'est un enfant généreux qui aide les autres petits de son groupe. »

J'ai essayé de me représenter mon fils dans la cour de la maternelle partageant généreusement son goûter avec un camarade rachitique et débordant de gratitude qui avait oublié d'apporter son quatre-heures ce jour-là. L'effort était herculéen : avant de réussir à évoquer cette image, j'ai failli avoir une attaque. « Parce que toi, tu crois vraiment qu'on nous convoque pour nous chanter ses louanges et nous raconter ses B.A. ? » J'avais en effet décidé de renoncer à solliciter ma pauvre imagination pour me concentrer sur le surprenant optimisme de ma femme.

« Non, a-t-elle avoué tristement. J'ai l'esprit de contradiction, c'est tout. »

Eh bien oui, la maîtresse était en survêt. Mais mon costard lui a beaucoup plu et ça l'a beaucoup amusée d'apprendre que c'était celui que je portais le jour de mon mariage.

« Sauf qu'à l'époque, il pouvait le mettre sans rentrer le ventre », a précisé ma femme, et elles ont échangé le sourire de sympathie de deux femmes affublées d'un mec qui a trois pizzerias dans le répertoire de son mobile mais n'a probablement jamais vu l'intérieur d'une salle de sport.

« En fait, a dit la maîtresse, la raison pour laquelle je vous ai demandé de venir n'est pas sans rapport avec la diététique. »

La maîtresse nous a raconté que notre petit Lev avait conclu un pacte secret avec la cuisinière de la cantine, qui lui apportait chaque jour une bonne quantité de chocolat alors que le ministère a strictement interdit la consommation de sucreries dans l'enceinte des écoles. « Il demande à aller aux toilettes et en revient avec cinq barres de chocolat, a expliqué la maîtresse. Hier, il s'est assis dans un coin et en a tellement mangé qu'il lui coulait du cacao par le nez.

– Mais pourquoi vous n'en parlez pas à la cuisinière ? a demandé ma femme.

– C'est la première chose que j'ai faite, a répondu la maîtresse dans un soupir. Mais elle dit que Lev a de tels talents de manipulateur qu'elle n'arrive pas à lui résister.

– Alors, a repris ma femme, vous croyez possible qu'un enfant de cinq ans puisse dominer une adulte et la contraindre à…

– Ne faites pas attention à elle, ai-je murmuré à la maîtresse. Elle sait très bien que c'est possible. Seulement elle a l'esprit de contradiction. »

Dans l'après-midi, j'ai profité d'une petite partie de foot avec Lev pour lui parler les yeux dans les yeux. « Sais-tu ce que Ricki, ta maîtresse, m'a raconté ce matin ? ai-je demandé.

– Que j'ai beau arroser son ordi tous les matins, ça ne sert à rien parce qu'il ne grandira jamais et qu'il aura toujours un écran nain ? a demandé Lev.

– Ah bon ? Non, elle ne m'a pas parlé de ça. Elle m'a seulement dit que Mari, la cuisinière, t'apporte du chocolat tous les matins.

– Oui ! a dit Lev, ravi. Tout plein tout plein tout plein de chocolat.

– Ricki a dit aussi que tu le manges tout seul sans partager avec les autres enfants, ai-je ajouté.

– Ben oui, s'est empressé de confirmer Lev. Mais je leur explique toujours que je peux pas leur en donner parce que les enfants n'ont pas le droit de manger des sucreries à l'école.

– C'est très bien, ai-je dit. Et si les enfants n'ont pas le droit de manger des sucreries à l'école, qu'est-ce qui te fait croire que toi, tu peux ?

– C'est parce que je ne suis pas un enfant, a dit Lev avec un sourire plutôt sournois. Je suis un chat.

– Un quoi ?

– Miaou, a répondu Lev d'une douce voix ronronnante. Miaou, miaou, miaouou. »

Le lendemain matin, je lisais les journaux en buvant

mon café dans la cuisine. L'entraîneur de l'équipe nationale de foot d'Israël s'est fait pincer par les douanes en essayant d'introduire en fraude pour vingt-cinq mille dollars de cigares dans le pays. Un député à la Knesset membre du parti Shass a acheté un restaurant et contraint son assistant parlementaire, salarié par la Knesset, à y travailler. Les coaches du Maccabi Tel-Aviv, l'équipe de basket star du pays, sont accusés d'évasion fiscale. Ensuite, en prenant mon petit déjeuner, j'ai lu quelques lignes au sujet du procès d'un ancien Premier ministre, Ehud Olmert, accusé de recevoir des pots-de-vin, et, cerise sur le gâteau, un entrefilet m'a appris qu'un ancien ministre des Finances, Avraham Hirschson, qui purge une peine de prison pour escroquerie, a été jugé « prisonnier modèle » par ses codétenus.

Pendant des années je me suis creusé la cervelle, en vain, pour comprendre ce qui peut pousser ces nantis à mettre en danger leur réussite en enfreignant la loi, au risque d'encourir châtiment et mépris, alors qu'ils ont déjà tout. Enfin quoi, Olmert ne vivait pas en dessous du seuil de pauvreté quand il s'est inventé de fausses notes de frais afin de traire Yad Vashem d'un millier de dollars supplémentaires. Et ce n'est pas poussé par la faim que Hirschson a détourné l'argent de l'organisation pour laquelle il travaillait. Et puis voilà, cette conversation les yeux dans les yeux avec Lev a ouvert les miens. Tout est clair. Exactement comme mon fils, ces types-là trichent et volent et mentent pour une seule et bonne raison : ils sont certains d'être des chats. Adorables créatures fourrées, friandes de crème, ils n'ont pas à obéir aux mêmes règles et aux mêmes lois que ces bipèdes suants qui les entourent. Une fois convaincu de cette explication, il devient facile de prévoir la ligne de défense qu'adoptera l'ancien Premier ministre.

PROCUREUR : Monsieur Olmert, vous devez bien savoir que l'usage de faux et la fraude sont proscrits par la loi.

OLMERT : Évidemment. En ma qualité d'ancien Premier ministre défenseur de la morale et respectueux des lois, il n'a pas pu m'échapper que ces crimes et délits sont proscrits par la loi pour tous les citoyens de notre pays. Mais si vous étudiez soigneusement le code en vigueur dans notre pays, vous verrez qu'il ne s'applique pas aux chats ! Or, monsieur le procureur, je suis bien connu dans le monde entier pour ce que je suis : un gros matou paresseux.

PROCUREUR (*ébahi*) : Monsieur Olmert, vous ne vous attendez certainement pas à ce que la Cour prenne cette dernière remarque au sérieux.

OLMERT (*léchant les poignets de son costume Armani*) : Miaou, miaou, miaouou.

Exercice

La révolution libyenne, qui fait tant de bruit dans les médias qu'elle a instantanément envahis, n'est pourtant pas la seule à se dérouler dans notre région ; il en est une autre, plus discrète mais pas moins importante, qui a lieu en même temps. Après plus de quarante ans d'oppression par la malbouffe et le manque complet d'une quelconque activité physique, mon corps a décidé de s'insurger. Mes muscles – l'un après l'autre, avec un synchronisme remarquable – se sont mis à se contracter, pris de terribles crampes, cela a commencé par le cou, la nuque, c'est descendu aux épaules, et cela a même fini par atteindre mes pieds. Un jour, en rentrant à la maison, ma femme m'a trouvé gisant sur le dos comme un cafard crevé. Il lui a fallu vingt minutes pour comprendre que je n'allais pas bien et, quand elle l'eut compris, la première chose qu'elle a trouvé à dire a été : « Ça te pendait au nez. » La deuxième chose fut l'évocation d'un pari qu'elle avait fait avec mon cousin de Ramat Gan. Elle avait parié que je mourrais d'une crise cardiaque avant d'atteindre la cinquantaine. D'après elle, sa profonde affection pour moi était l'unique raison qui avait poussé mon cousin à risquer de l'argent sur ma longévité, tandis que le bon sens et la médecine moderne étaient manifestement de son côté à elle. « Quiconque se ferait pincer à traiter son chien ou son chat aussi mal que tu traites ton propre corps aurait depuis longtemps été jeté en prison, a-t-elle ajouté en m'aidant à m'asseoir. Prends exemple sur moi… Fais attention à ce que tu manges, fais du yoga. »

La vérité m'oblige à dire que du yoga, j'avais essayé d'en faire voilà quelques années. À la fin de mon premier cours pour débutants, la prof, pâle et menue, m'avait expliqué, d'une voix douce mais ferme, que je n'étais pas encore prêt pour travailler avec les débutants et qu'il me fallait d'abord m'inscrire dans un groupe « spécial ». Lequel groupe se révéla être une bande de femmes parvenues à un stade plus ou moins avancé de leur grossesse. C'était d'ailleurs assez sympa, la première fois depuis longtemps que dans une assemblée c'était moi qui avais le moins de ventre. Les femmes s'exerçaient avec une extrême lenteur et les postures les plus simples, les plus élémentaires qu'on leur demandait d'adopter suffisaient à les mettre en nage et à les faire haleter – tout comme moi. J'étais certain d'avoir enfin trouvé ma place dans l'univers cruel de l'activité physique. Mais le groupe ne cessait de rétrécir : comme dans une émission de télé-réalité, chaque semaine une nouvelle femme était éliminée et ses copines débordantes d'enthousiasme disaient avec des tremblements dans la voix qu'elle avait accouché.

Au bout de trois mois, tous les membres de notre groupe avaient accouché, sauf moi. Et la prof, de sa voix douce mais ferme, me dit, avant d'éteindre une dernière fois la lumière de la salle, qu'elle avait acheté un aller simple pour l'Inde et ne savait ni quand ni même si elle en reviendrait. Entre-temps, avait-elle ajouté, elle me conseillait de m'attaquer à quelque chose d'« un peu moins ardu que le yoga ». Du fait qu'elle n'avait pas fourni d'autres détails, je perçus comme une odeur familière d'origan dans son énigmatique recommandation et me remis à m'attaquer à de gargantuesques parts de pizza.

De sorte que, mes accès de crampes s'étant calmés, j'ai décidé de me prendre en main et rédigé une liste d'activités physiques possibles, puis biffé toutes celles que mon corps ne supporterait pas. La course et l'exercice en salle de gym ont disparu en premier, aérobic et vélo d'intérieur n'ont pas tardé à les rejoindre (si je devais choisir entre écouter Britney Spears et avoir une aorte bouchée, c'est cette dernière que je choisirais), suivis de la boxe thaï et du krav maga (dans le quartier où j'ai grandi, j'ai reçu gratuitement tant de coups que je me voyais mal payer pour en encaisser d'autres). Il ne subsistait plus sur la page, en dessous de toutes ces biffures, que la marche rapide. Je me suis hâté de barrer le mot *rapide* et d'ajouter un point d'interrogation après *marche*.

Quand elle a vu cette feuille, ma femme n'a pas paru particulièrement enthousiaste devant cette marche-point-d'interrogation. « Il y a un million d'autres trucs que même quelqu'un d'aussi flemmard et atrophié que toi peut pratiquer, s'est-elle récriée.

– Ah oui, quoi par exemple ?

– Le Pilates », a-t-elle dit en mâchonnant la branche verte et odorante qu'elle avait à la main, céleri, fenouil, je ne sais quoi. Quelques recherches rapides m'ont permis de découvrir certains des aspects les plus attrayants du Pilates : bien qu'officiellement défini comme « activité physique », on ne risque guère de suer en le pratiquant puisque le plus clair de ladite activité se pratique allongé sur le dos. S'y ajoute le fait que Pilates, l'inventeur de la méthode qui porte son nom, s'en servait pour la rééducation de soldats blessés pendant la Première Guerre mondiale. Si je ne trouvais pas à m'inscrire dans un groupe de futures mamans, je n'en étais pas moins assuré de remplir les critères de recrutement d'un cours quelconque.

Dès ma première leçon, j'ai appris quelques aspects supplémentaires de ce sport admirable. Dans le Pilates, on fait travailler surtout des muscles internes, ce qui veut dire qu'un observateur n'a aucune façon de savoir si on est en train d'exercer son périnée, de contracter ses muscles striés, ou simplement de somnoler sur son tapis. Ici, en Israël, les cours s'adressent à des groupes très restreints, constitués principalement de danseurs classiques blessés. Ce qui veut dire que la salle abrite une population d'un tel niveau de raffinement, de souffrance musculaire et d'empathie que nul lieu au monde n'est mieux choisi pour se plaindre d'une élongation ou d'une contracture et avoir aussitôt droit à un massage plein de compassion. Je ne sais pas quand cinq danseuses classiques vaguement éclopées vous ont aidé à détendre vos ischio-jambiers pour la dernière fois, mais si cela remonte trop loin, je vous conseille vivement de prendre au plus vite la direction de la salle de Pilates la plus proche, vous m'en direz des nouvelles.

Voilà quinze jours seulement que j'ai fait mes débuts dans le Pilates. Je n'arrive pas encore à ouvrir les bocaux de cornichons avec mes muscles striés et quand je lève la main pour me gratter la tête la douleur dans l'épaule est toujours insupportable, mais j'ai un casier pour moi tout seul, un survêt avec une bande dorée le long des jambes du pantalon comme David Beckham, et un moelleux tapis flambant neuf sur lequel je peux m'étendre deux fois par semaine pendant une heure entière en songeant à ce qui me chante tout en contemplant de jolies ballerines au visage stoïque perchées sur de gros ballons multicolores.

Rien qu'un pécheur comme un autre

Il y a quelque temps, j'ai participé à une lecture collective dans une résidence d'artistes du New Hampshire. Chacun des trois participants devait lire pendant un quart d'heure. Les deux autres étaient des débutants qui n'avaient encore rien publié, de sorte qu'en un geste de générosité, voire peut-être de condescendance, j'ai proposé de lire en dernier. Le premier auteur, un mec de Brooklyn, avait pas mal de talent. Il a donné lecture d'un texte sur la mort de son grand-père, du costaud. La deuxième était une femme de Los Angeles ; elle s'est mise à lire et j'ai pris une sacrée claque. Sur ma chaise de bois inconfortable dans l'auditorium surchauffé de la bibliothèque de cette résidence, j'ai entendu mes peurs, mes désirs, la violence qui couve en moi comme une flamme éternelle mais se dissimule si bien qu'elle et moi sommes seuls à savoir qu'elle existe. Ça a duré vingt minutes. Elle m'a cédé l'estrade et quand nous nous sommes croisés, je n'étais pas faraud, elle m'a jeté un regard de pitié, du genre qu'un fier lion de la brousse doit jeter sur un lion de cirque.

Si je ne me rappelle plus trop ce que j'ai lu ce soir-là, je sais que, tout au long de ma lecture, c'est celle de cette jeune femme qui continuait de tourner en écho dans ma tête. Dans cette nouvelle, un père s'adresse à ses enfants qui passent leurs vacances d'été à torturer des bêtes. Il leur dit qu'une frontière sépare le fait de tuer des insectes et celui de tuer des grenouilles, et qu'aussi difficile que cela puisse être, cette frontière ne doit jamais être franchie.

Et ainsi va le monde. L'écrivain ne l'a pas créé mais il est ici pour dire ce qui doit être dit. Une frontière sépare le fait de tuer des insectes de celui de tuer des grenouilles, et quand bien même l'écrivain l'aurait franchie dans le cours de sa vie, il n'en doit pas moins la désigner à l'attention. L'écrivain n'est ni un saint ni un *tsadik* ni un prophète montant la garde ; il n'est rien qu'un pécheur comme un autre doté d'une conscience à peine plus aiguisée et d'un langage un peu plus précis dont il se sert pour décrire l'inconcevable réalité de notre monde. Il n'invente pas un seul sentiment, pas une seule pensée – tout cela existait longtemps avant lui. Il ne vaut pas mieux que ses lecteurs, pas du tout – il est parfois bien pire –, et c'est ce qu'il faut. Si l'écrivain était un ange, l'abîme qui le séparerait de nous serait si vaste que ses écrits ne nous seraient pas assez proches pour nous toucher. Mais parce qu'il est ici, à nos côtés, enfoui jusqu'au cou dans la boue et l'ordure, il est celui qui plus que quiconque peut nous faire partager tout ce qui se passe dans son esprit, dans les zones éclairées et, plus encore, dans les recoins sombres. Il ne nous guidera pas jusqu'à la Terre promise, n'apportera pas la paix au monde, ne guérira pas les malades. Mais s'il fait bien son travail, quelques grenouilles de plus survivront. Quant aux insectes, je regrette de le dire, il faudra qu'ils se débrouillent tout seuls.

Du jour où je me suis mis à écrire, je connaissais cette

vérité. Je la connaissais fermement et clairement. Mais pendant cette lecture, quand je me suis trouvé face à face avec un vrai lion dans cette résidence d'artistes de la fondation MacDowell, au cœur du New Hampshire, et que j'ai éprouvé cette peur, l'espace d'une seconde, je me suis rendu compte que les plus nettes, les plus tranchantes des connaissances que nous possédons tous peuvent s'émousser. Celui qui crée sans soutien, sans appui, qui ne peut écrire qu'après ses heures de travail, entouré de gens qui ne sont même pas sûrs qu'il ait du talent, se rappellera toujours cette vérité-là. Le monde qui l'entoure ne le laissera tout simplement pas l'oublier. Le seul écrivain qui peut l'oublier est celui qui rencontre le succès, qui n'écrit pas contre mais avec le courant de sa vie, et dont chacune des intuitions qui s'écoulent de sa plume ne fait pas que rehausser son texte pour son plus grand contentement, mais fait aussi les délices de ses agents et de son éditeur. Nom de Dieu, j'ai oublié. C'est-à-dire que je me rappelle qu'il y a une frontière entre une chose et une autre, seulement voilà, depuis peu, elle s'est changée je ne sais comment en une frontière séparant la réussite de l'échec, l'acceptation du refus, la reconnaissance du mépris.

Ce soir-là, après la lecture, je suis retourné dans ma chambre et je me suis couché aussitôt. Par toutes les fenêtres, j'apercevais des pins gigantesques et un clair ciel nocturne et j'entendais des grenouilles coasser dans les bois. C'était la première fois depuis mon arrivée que les grenouilles se sentaient suffisamment en sécurité pour coasser. J'ai fermé les yeux et attendu le sommeil, le silence, mais les coassements n'ont pas cessé. À deux heures du matin, je me suis levé, je suis allé à mon ordinateur et je me suis mis à écrire.

Première nouvelle

J'ai écrit ma première nouvelle il y a vingt-six ans dans l'une des bases militaires les mieux gardées d'Israël. J'avais dix-neuf ans, j'étais un piètre appelé, au fond de la déprime, comptant les jours qui le séparaient de la quille. J'écrivis ma nouvelle pendant une garde particulièrement longue dans une salle informatique, sans fenêtre, isolée dans les entrailles de la Terre. Debout au milieu de cette pièce glaciale, je regardais fixement la page imprimée. Je n'aurais pas pu expliquer pourquoi je l'avais écrite ni à quoi elle devait servir. Le fait que j'avais saisi toutes ces phrases inventées était à la fois exaltant et effrayant. Il fallait que je trouve tout de suite un lecteur, je le sentais, et même si elle ne lui plaisait pas ou qu'il ne la comprenait pas, il pourrait me calmer et me dire que j'avais parfaitement le droit de l'écrire et qu'elle ne constituait en rien un pas de plus en direction de la folie.

Le premier lecteur éventuel ne se présenta que quatorze heures plus tard. C'était le sous-off au visage grêlé censé assurer ma relève et prendre le tour de garde suivant. D'une voix que je m'efforçais de rendre aussi calme que possible, je lui dis que j'avais écrit une nouvelle et que je voulais qu'il la lise. Il ôta ses lunettes de soleil et dit avec un grand détachement, « Ça va pas la tête. Dégage. »

Je gravis les quelques étages qui me séparaient du rez-de-chaussée. Le soleil, levé depuis peu, m'aveugla. Il était six heures trente du matin et j'avais désespérément besoin d'un lecteur. Ainsi que je le fais d'ordinaire dès que j'ai un problème, je pris le chemin de l'immeuble de mon grand frère.

J'appuyai sur l'interphone à l'entrée et la voix ensommeillée de mon frère répondit. « J'ai écrit une nouvelle, annonçai-je. Je voudrais te la faire lire. Je peux monter ? »

Après un bref silence, mon frère dit d'un ton un peu contrit, « Vaut mieux pas. T'as réveillé ma copine et elle est en rogne. » Après un nouveau silence, il ajouta, « Attends-moi. Je m'habille et je descends promener le chien. »

Quelques minutes plus tard, il me rejoignit avec son petit clébard à l'allure perpétuellement épuisée. Cette fois il était tout content qu'on sorte le promener si tôt. Mon frère me prit la page imprimée des mains et se mit à la lire en marchant. Mais le chien, lui, voulait faire ses affaires au pied de l'arbre voisin de l'entrée où il avait ses habitudes. Il essaya de s'accrocher au sol de toute la force de ses petites pattes mais mon frère, absorbé dans sa lecture, ne remarqua rien et, la minute suivante, je me retrouvai quelques mètres derrière lui tentant de le rattraper alors qu'il pressait le pas, traînant la pauvre bête au bout de sa laisse.

Heureusement pour l'animal, c'était une nouvelle très courte, et quand mon frère s'arrêta deux rues plus loin, le chien, revenant à son projet original, vaqua à son affaire.

« Elle est géniale, cette nouvelle, dit mon frère. Hallucinante. T'en as fait une copie ? » Je répondis par l'affirmative. Il me gratifia d'un sourire de grand-frère-fier-de-son-petit-frère, puis se baissa et se servit de mon œuvre pour ramasser celle de son chien et la flanquer à la poubelle.

Et ce fut à cet instant que je compris que je voulais être écrivain.

Sans même s'en rendre compte, mon frère m'avait dit quelque chose : que la nouvelle que j'avais écrite n'était pas la feuille de papier froissée et souillée de merde qui reposait au fond de la poubelle dans la rue. Cette page n'était que le pipeline par lequel je pouvais transmettre mes sentiments et les sensations de mon esprit au sien. Je ne sais pas ce qu'un magicien éprouve la première fois qu'il parvient à jeter un sort mais j'imagine que ça doit être assez proche de ce que j'éprouvais à cet instant-là ; j'avais découvert la magie dont je savais qu'elle allait m'aider à survivre pendant les deux longues années qui me séparaient de la démobilisation.

Amsterdam

C'était moins d'une semaine après le 11 Septembre et l'aéroport Kennedy ressemblait à un décor de film de série B : les agents de sécurité en uniforme qui patrouillaient dans le terminal étaient sur les dents, les mains crispées sur leurs armes, aboyant des ordres aux milliers de voyageurs qui se pressaient en énormes files d'attente. J'étais censé embarquer sur un vol pour Amsterdam où je devais participer à un chouette festival artistique supercool du genre surréaliste comme seul un hippie batave hors d'âge qui avait passé les années 1960 à voyager sous acide pouvait en concevoir dans ses plus belles hallucinations.

Après plusieurs mois de résidence d'artiste aux États-Unis, j'étais content de partir. Sans être Israël, Amsterdam en était assez proche pour que l'amour de ma vie accepte de m'y rejoindre en avion afin de partager quelques jours avec moi. Et sachant qu'après le festival il me faudrait retourner en Amérique pour y supporter encore deux pénibles mois en ma qualité d'étranger noiraud affublé d'un accent et d'un passeport du Proche-Orient, j'avais désespérément besoin de ce bref répit.

Les billets électroniques n'étaient pas encore très

répandus et le sympathique organisateur m'avait écrit que mon billet m'attendrait au comptoir KLM de l'aéroport. L'hôtesse désagréable à laquelle je m'adressai à ce comptoir ne voulut pas en démordre : il n'y avait pas de billet à mon nom. J'en fus un peu secoué. J'appelai l'organisateur du festival en Hollande, qui me répondit d'une voix enjouée mais ensommeillée. Après m'avoir dit le grand plaisir que c'était de m'avoir au bout du fil, il se rappela qu'il avait oublié d'envoyer mon billet. « Quel pauvre type je fais, dit-il. Ma mémoire immédiate n'est plus ce qu'elle était. » Il me suggéra d'acheter mon billet à l'aéroport, il me le rembourserait à mon arrivée. Quand je lui dis que dans ces conditions le billet risquait de lui coûter un bras, il répondit, « T'inquiète, vieux, achète ce foutu billet même s'il coûte un million. On a prévu ta participation demain à un truc qui sera le vrai pied, on a absolument besoin de toi ici. »

La bonne dame à l'air pincé demanda 2 400 dollars en échange d'un siège du milieu en classe économique. Mais je n'essayai même pas de discuter. Un chouette festival et ma femme bien-aimée, qui n'était à l'époque que ma copine bien-aimée, m'attendaient à Amsterdam. Il fallait à tout prix que je prenne cet avion, je le savais. Le vol était complet et les passagers semblaient un peu anxieux, tendus. Je ne m'attendais pas à un vol facile mais il s'annonça pire encore quand je découvris, assis sur mon siège, entre une religieuse et un Chinois à lunettes, un barbu à lunettes de soleil et aux bras tatoués qui avait l'air d'un membre des ZZ Top en plus gros et plus méchant.

« Excusez-moi, dis-je un peu timidement à la barbe, mais c'est ma place.

– C'est la mienne, répondit la barbe. Dégage.

– Mais c'est le numéro qui est sur ma carte d'embarquement, insistai-je. Regardez.

– J'ai pas envie de regarder, reprit la barbe, ignorant ma main tendue. Je t'ai dit que c'était ma place. Alors dégage. »

Là, j'avais décidé d'appeler l'hôtesse. Elle sut obtenir une attitude vaguement plus coopérative de la barbe. Et il s'avéra qu'à la suite d'une erreur informatique, on nous avait remis à chacun une carte d'embarquement avec le même numéro de siège. D'une voix pleine d'autorité, elle dit alors que, puisque le vol était complet, l'un de nous deux devait débarquer.

« Si on le jouait à pile ou face », suggérai-je à la barbe. À vrai dire, je tenais désespérément à rester dans l'avion mais il me semblait que c'était la seule façon équitable de régler ce problème exaspérant. « Pas question, dit la barbe, je suis assis. Pas toi. T'as qu'à débarquer. »

C'est là que j'ai senti que je pétais un câble dans les circuits déjà mis à rude épreuve de mon cerveau. « Je ne quitterai pas cet avion », annonçai-je à l'hôtesse qui revenait pour nous reprocher d'empêcher le décollage d'un avion plein à ras bord de passagers impatients. « Je vous demande de bien vouloir débarquer immédiatement, m'enjoignit-elle d'une voix froide, sinon je vais être obligée d'appeler la sécurité.

– Appelez la sécurité, dis-je d'une voix un peu larmoyante, appelez la sécurité pour me faire descendre. Ça ne fera qu'ajouter quelques zéros à la somme que je demanderai devant les tribunaux. Je vais assigner votre compagnie. J'ai payé très cher mon billet. On m'a remis une carte d'embarquement. J'ai embarqué et l'histoire s'arrête là. Je ne veux rien entendre. Si vous n'avez pas assez de sièges dans l'avion vous n'avez qu'à descendre vous-même. Je servirai la collation aux passagers. »

L'hôtesse ne fit pas appel à la sécurité. Non, ce fut le commandant de bord aux cheveux blancs et aux yeux bleus qui parut, posa une main apaisante sur mon épaule et me demanda poliment de bien vouloir débarquer. « Je ne débarquerai pas, répliquai-je, et si vous essayez de me débarquer de force, je vous assignerai, tous tant que vous êtes, en justice. Tous tant que vous êtes, vous entendez ? On est en Amérique, vous savez. Il y a des gens qui ont obtenu des millions de dollars de dédommagement pour bien moins que ça. » Et là, au moment même où j'étais censé être particulièrement menaçant, je fondis en larmes. « Pourquoi devez-vous aller à Amsterdam ? demanda-t-il. Quelqu'un de votre famille est malade ? » Je secouai la tête.

« Alors quoi, une fille ? »

J'acquiescai. « Mais ce n'est pas pour ça, dis-je. C'est parce que je n'en peux plus d'être ici, voilà, je n'en peux plus. » Le commandant garda le silence un instant, puis demanda : « Vous avez déjà voyagé sur un siège de service du personnel de cabine ? » Je parvins à réprimer mes sanglots pour balbutier que non.

« Je dois vous prévenir, dit-il avec un sourire, que c'est très inconfortable. Mais ça vous permettra de partir d'ici. Et ça vous fera quelque chose à raconter. »

Là-dessus, il n'avait pas tort.

Les garçons ne pleurent pas

Mon fils se plaint de ne m'avoir jamais vu pleurer. Il a vu sa mère pleurer plusieurs fois, notamment quand elle lui lit une histoire dont la fin est triste. Il a vu sa grand-mère pleurer une fois, le jour de son troisième anniversaire, quand, après avoir soufflé les bougies, il lui a dit que son vœu était que grand-père guérisse. Il a même vu sa maîtresse de maternelle pleurer quand elle a reçu un coup de téléphone lui apprenant que son père était mort. Je suis le seul qu'il n'a jamais vu pleurer. Toute cette histoire m'a mis plutôt mal à l'aise.

Il y a un tas de trucs que les parents sont censés savoir faire pour lesquels je ne suis pas très doué.

Les élèves de la maternelle de Lev ont des pères qui sortent en moins de deux leur trousse à outils du coffre de leur voiture dès que quelque chose tombe en panne et qui réparent les balançoires et la tuyauterie sans même verser une goutte de sueur. Le père de mon fils est le seul qui ne sort jamais sa trousse à outils du coffre de sa voiture du simple fait qu'il n'a pas de trousse à outils et… pas de voiture. En aurait-il qu'il ne saurait pas réparer quoi que ce soit. Un père pareil – pas doué pour la technique, un artiste –, on s'attendrait au moins à ce qu'il sache pleurer.

« Je suis pas fâché contre toi parce que tu pleures pas, dit Lev en posant sa petite main sur mon bras comme s'il avait senti mon malaise. Mais j'essaye de comprendre pourquoi. Pourquoi maman pleure et pas toi. »

Je raconte à Lev que, quand j'avais son âge, tout me faisait pleurer : les films, les histoires, et même la vie. Les mendiants dans la rue, les chats écrasés, les pantoufles éculées me faisaient éclater en sanglots. Les gens autour de moi ont trouvé que ça posait un problème et, pour mon anniversaire, ils m'ont offert un livre destiné à apprendre aux enfants une méthode pour ne pas pleurer. Le héros du livre pleurait beaucoup, jusqu'à ce qu'il fasse la connaissance d'un ami imaginaire qui lui suggéra, chaque fois qu'il sentirait les larmes gonfler en lui, de s'en servir comme d'une espèce de carburant pour faire autre chose : chanter une chanson, taper dans un ballon, esquisser quelques pas de danse. Ce livre j'ai bien dû le lire cinquante fois et j'ai mis ses conseils en pratique des dizaines et des dizaines de fois jusqu'à devenir si fort pour m'empêcher de pleurer qu'aujourd'hui ça m'est naturel et que ça se fait tout seul. J'y suis tellement habitué à présent que je ne sais pas comment arrêter.

« Alors quand tu étais petit, demande Lev, chaque fois que tu avais envie de pleurer, tu chantais à la place ? »

À contrecœur, je suis obligé de reconnaître que non. « Je ne sais pas chanter. Alors le plus souvent, quand je sentais les larmes monter, je tapais quelqu'un.

– C'est bizarre, dit Lev, songeur. Moi d'habitude je tape quelqu'un quand je suis content. »

Le moment paraît bien choisi pour aller jusqu'au frigo prendre des bâtonnets au fromage pour nous deux.

On s'assied dans le salon et on se met à grignoter en silence. Père et fils. Deux mecs. Si vous frappiez à la porte et que vous le demandiez gentiment, on vous offrirait un bâtonnet au fromage, mais si vous faisiez quoi que ce soit d'autre, qui nous rende triste ou content, il y aurait de fortes chances pour que vous vous preniez une petite raclée.

Sixième année

Rien à perdre

J'ai un papa en or. J'ai de la chance, je sais. Tout le monde ne peut pas en dire autant. La semaine dernière, je l'ai accompagné à l'hôpital pour un examen de contrôle plutôt banal, et les médecins nous ont dit qu'il allait mourir. Il a un cancer de la langue à un stade avancé. Le genre dont on ne guérit pas. Le cancer était déjà venu visiter mon père il y a deux ans environ. Les médecins s'étaient montrés optimistes à l'époque et il avait effectivement vaincu la maladie. Les médecins ont dit qu'il y avait plusieurs options cette fois-ci.

On pouvait ne rien faire et mon père mourrait en l'espace de quelques semaines. Il pouvait subir une chimiothérapie et si elle réussissait cela lui donnerait quelques mois de plus. On pouvait tenter les rayons mais cela risquait de faire plus de mal que de bien. Enfin on pouvait l'opérer et lui retirer la langue et le larynx. C'était une opération compliquée qui durerait plus de dix heures et les médecins, étant donné le grand âge de mon père, n'étaient pas chauds pour cette option-là. Mais l'idée plaisait à papa. « À mon âge, je n'ai plus besoin de langue, du moment que j'ai des yeux pour voir et un cœur qui bat, expliqua-t-il à la jeune cancérologue. Qu'est-ce qui peut m'arriver de pire ? Au lieu de vous dire que vous êtes très jolie, je vous l'écrirai. »

La jeune femme rougit. « Il n'y a pas que la parole, c'est une opération traumatisante, lui dit-elle. Il y a la douleur et la rééducation si vous survivez. Il faut considérer que ça affectera terriblement votre qualité de vie.

– J'adore la vie, dit mon père en la gratifiant de son sourire têtu. Si la qualité est bonne, tant mieux. Si elle ne l'est pas, tant pis. Je ne suis pas difficile. »

Dans le taxi qui nous ramenait, papa a pris ma main comme si j'avais de nouveau cinq ans et que nous allions traverser une rue animée. Il parlait avec beaucoup de conviction des différentes options de traitement qui s'offraient à lui comme un entrepreneur envisagerait divers investissements prometteurs. C'est un homme d'affaires, mon papa. Pas un nabab en costume trois-pièces, rien qu'un type ordinaire qui aime bien acheter et revendre et, s'il ne peut ni acheter ni revendre, est prêt à se rabattre sur la location. Les affaires pour lui c'est une façon de rencontrer des gens, de communiquer, de s'activer un peu, de mettre une pincée de sel dans l'existence. Il lui suffit d'acheter un paquet de cigarettes dans un kiosque et en moins de dix minutes il discute avec le vendeur d'une possible association. « En réalité, la situation est idéale, me dit-il très sérieusement tout en me caressant la main. J'adore prendre des décisions quand les choses sont au plus bas. La situation est une telle *drek*[1] pour l'instant que ça ne peut que s'arranger : avec la chimio, je meurs très vite ; avec

1. *Drek* : littéralement, « merde » en yiddish. (*Toutes les notes sont des traducteurs.*)

les rayons, je me tape une gangrène de la mâchoire ; quant à l'opération, tout le monde est sûr que je ne survivrai pas parce que j'ai quatre-vingt-quatre ans. Tu sais combien de terrains j'ai acheté comme ça ? Quand le propriétaire ne veut pas vendre et que je n'ai pas un sou en poche ?

– Je sais », dis-je. Et je le sais, c'est vrai.

Quand j'avais sept ans, on a déménagé. Sans changer de rue, alors que nous adorions tous l'ancien appartement, mais mon père avait tenu à en prendre un plus grand. Pendant la guerre, mon père, ses parents et quelques autres personnes s'étaient cachés au fond d'un trou dans la terre d'une ville polonaise pendant près de six cents jours. Le trou était si exigu qu'ils ne pouvaient ni se lever ni se coucher, seulement se tenir accroupis. Quand les Russes avaient libéré la région, il avait fallu porter mon père et mes grands-parents hors de ce trou parce qu'ils n'arrivaient plus à se déplacer seuls. Leurs muscles s'étaient atrophiés. Le temps passé dans le trou avait rendu mon père particulièrement jaloux de son intimité. Le fait que mon frère, ma sœur et moi grandissions dans la même chambre le rendait fou. Il voulait que nous emménagions dans un appartement où nous aurions chacun notre chambre. Nous, les enfants, ça nous plaisait bien, en fait, de partager notre chambre, mais quand papa a pris une décision, inutile d'essayer de l'en faire changer.

Un samedi, quelques semaines avant la date à laquelle nous devions quitter l'ancien appartement, qu'il avait déjà vendu, papa nous emmena visiter notre nouveau logement. Nous avions tous pris une douche et mis nos plus beaux habits, alors que nous savions que personne ne nous attendait là-bas. N'empêche, ce n'est pas tous les jours qu'on va visiter son nouvel appartement. L'immeuble était terminé, mais personne n'y habitait encore. Quand papa fut sûr que nous étions tous dans l'ascenseur, il appuya sur le bouton du quatrième. Cet immeuble était l'un des seuls du quartier à posséder un ascenseur et la brève montée suffit déjà à nous mettre en joie. Papa ouvrit la porte blindée du nouvel appartement et commença la visite. D'abord les chambres des enfants, puis la chambre des parents et pour finir le salon et la gigantesque terrasse. La vue était magnifique et nous tous, et plus particulièrement papa, étions enchantés du somptueux palais qui allait devenir notre foyer.

« Tu as déjà vu un panorama pareil ? » Il étreignait ma mère en désignant la colline verte qu'on voyait par la fenêtre du salon.

« Non, répondit ma mère sans enthousiasme.

– Ben alors, pourquoi fais-tu cette tête ? demanda papa.

– Parce qu'il n'y a pas de revêtement de sol », chuchota ma mère, les yeux baissés sur la poussière et les tuyaux de métal bien visibles sous nos pieds. Ce fut seulement à ce moment-là que, baissant les yeux à mon tour en même temps que mon frère et ma sœur, je vis ce que voyait ma mère. C'est-à-dire que nous avions tous constaté qu'il n'y avait pas de revêtement, mais je ne sais trop comment, avec l'enthousiasme débordant que manifestait papa, nous n'y avions pas fait attention. Papa regarda par terre lui aussi.

« Désolé, dit-il, je n'avais plus d'argent.

– Quand on aura emménagé, il faudra que je lave par terre, dit maman de sa voix la plus étale. Le carrelage, je sais comment le laver, le sable, non.

– Tu as raison, dit mon père en essayant de la prendre dans ses bras.

– Le fait d'avoir raison ne m'aidera pas à faire le ménage, dit maman.

– Bon, bon, d'accord, dit papa. Si tu veux bien te taire une minute et me laisser réfléchir en paix, je vais trouver quelque chose. Tu le sais, non ? » Maman fit oui de la tête sans conviction. La descente en ascenseur fut moins joyeuse que la montée.

Quand nous emménageâmes dans le nouvel appartement quelques semaines plus tard, les sols étaient entièrement couverts de carreaux, d'une couleur différente pour chaque pièce. Dans l'Israël socialiste du début des années 1970, il n'y avait qu'une seule couleur de carrelage – le beige des graines de sésame – et les couleurs des sols de notre appartement – rouge, noir et brun – différaient de tout ce que nous avions vu jusque-là.

« Tu vois ? dit papa en posant fièrement un baiser sur le front de ma mère. Je t'avais dit que je trouverais quelque chose. »

Il nous fallut un mois pour découvrir ce qu'il avait concocté. J'étais seul à la maison ce jour-là et en train de prendre une douche quand un monsieur grisonnant portant une chemise à col boutonné entra dans la salle de bains accompagné d'un jeune couple. « Là, ces carreaux rouges sont des Volcano. En provenance directe d'Italie », dit-il en montrant le sol. La femme fut la première à me remarquer, nu, couvert de savon, les yeux écarquillés. Le trio s'empressa de s'excuser et de sortir de la salle de bains.

Le soir, pendant le dîner, quand je racontai ce qui m'était arrivé, papa nous révéla son secret. Comme il n'avait pas d'argent pour acheter le carrelage, il avait conclu un marché avec l'entreprise qui le vendait : elle nous fournirait gratuitement un assortiment de carreaux de son catalogue et papa l'autoriserait à utiliser notre foyer comme appartement témoin.

Le taxi arrivait déjà devant l'immeuble de mes parents et, quand nous en sommes descendus, papa me tenait encore la main. « C'est exactement comme ça que j'aime prendre mes décisions, quand il n'y a rien à perdre et tout à gagner », a-t-il répété. Quand on a ouvert la porte de l'appartement, l'odeur familière, agréable, nous a accueillis ainsi que des centaines de carreaux multicolores et un espoir, un espoir unique et puissant. Qui sait ? Peut-être que, cette fois encore, la vie et mon père vont nous surprendre en concluant un marché inattendu.

Découcher

Pour ceux que cela intéresse, voici un aspect curieux de ma pitoyable personnalité que j'ai appris à connaître avec les années : quand il s'agit de prendre un engagement, il existe une relation directe, inversement proportionnelle, entre la proximité dans le temps de ce à quoi on me demande de m'engager et ma disposition à le faire. C'est ainsi, par exemple, que je risque de répondre poliment non à une demande bien modeste de ma femme – « Tu me préparerais une tasse de thé, s'il te plaît ? » – alors que je suis prêt à accepter généreusement d'aller acheter des provisions le lendemain. Je me porte volontaire sans hésiter pour aider un parent éloigné à déménager, du moment que c'est dans un mois, et si le délai de grâce passe à six mois, je serais prêt à me battre à mains nues contre un ours polaire. Le seul ennui – mais de taille – de ce trait de caractère, c'est que le temps passe inexorablement et qu'à la fin, quand on se retrouve tremblant de froid, au beau milieu de la toundra gelée en Arctique, nez à nez avec un ours à la fourrure blanche qui montre les dents, on ne peut s'empêcher de se demander s'il n'aurait pas mieux valu tout simplement dire non six mois plus tôt.

Lors de mon dernier voyage en Croatie, où je devais participer à une rencontre d'écrivains à Zagreb, ce n'est pas un ours polaire que j'ai dû affronter, mais quelque chose qui n'en était pas loin. En m'accompagnant jusqu'à l'hôtel, Roman, l'organisateur de la rencontre qui passait mon emploi du temps en revue avec moi, laissa tomber nonchalamment : « Et j'espère que vous n'avez pas oublié que vous avez donné votre accord pour participer à un de nos projets culturels en allant passer la nuit dans un musée de Zagreb. » Or j'avais complètement oublié ou, pour être plus précis, totalement refoulé ce souvenir. Mais par la suite, à l'hôtel, je pus constater que j'avais reçu un courriel sept mois plus tôt me demandant si, pendant le festival, j'accepterais de passer une nuit au musée d'art contemporain de Zagreb afin de raconter ensuite cette expérience par écrit. Ma réponse alors avait tenu en deux mots : Pourquoi pas ?

Mais là, bien au chaud dans ma confortable chambre d'hôtel à Zagreb, je me vis dans l'obscurité d'un musée fermé, vautré sur une sculpture métallique bosselée, rouillée, au titre du genre *Yougoslavie, un pays divisé*, couverte d'un rideau déchiré que je venais de décrocher de l'entrée du vestiaire, et c'était la question opposée qui venait à l'esprit : Pourquoi oui ?

À la fin de la journée au Festival du livre, je suis attablé en compagnie d'autres participants dans un bar. Il est près de minuit quand Carla, l'assistante de Roman, me dit qu'il est temps de prendre congé de la compagnie. Il faut que j'aille au musée. Les auteurs, dont quelques-uns ont un peu bu, se lèvent pour me saluer avec des accents tragiques. L'athlétique romancier basque me donne une forte accolade en disant, « J'espère te revoir demain » ; une traductrice allemande essuie une larme avant de me serrer la main, à moins qu'elle ne rajuste une lentille de contact.

Le gardien de nuit du musée ne parle pas un mot d'anglais, quant à l'hébreu, pour lui c'est… de l'hébreu. Il me conduit à travers une enfilade de salles obscures jusqu'à un petit ascenseur, qui nous emmène à l'étage au-dessus devant une belle chambre spacieuse au milieu de laquelle trône un lit impeccablement fait. Du geste, il m'invite, me semble-t-il, à me sentir libre de me promener à ma guise à travers le musée. Je le remercie d'un signe de tête.

Il n'est pas sitôt parti que je me couche pour essayer de m'endormir. Je ne suis pas entièrement remis du trajet en avion au petit matin et les bières bues en fin de journée ne contribuent guère à m'éclaircir les idées. Mes yeux commencent à se fermer mais une autre partie de mon cerveau n'est pas d'accord. Combien de fois dans le temps qu'il me reste à vivre me verrai-je ainsi offrir l'occasion de me balader dans un musée désert ? Ce serait vraiment dommage de ne pas faire un tour. Je me lève, remets mes chaussures et prends l'ascenseur pour redescendre. Le musée n'est pas immense mais dans l'obscurité quasi totale j'ai du mal à trouver mon chemin. Je passe devant des tableaux et des sculptures que j'essaye de mémoriser afin de m'en servir comme points de repère pour retrouver l'ascenseur qui me reconduira jusqu'à mon lit confortable. Au bout de quelques minutes, la crainte et la fatigue s'estompent et me voilà capable de considérer les objets exposés non plus seulement comme des repères mais aussi comme des œuvres d'art. Je me mets à tourner en rond à travers les salles. Je finis toujours par revenir au même endroit. Je m'assieds par terre devant une immense photographie d'une fille somptueuse dont les yeux me donnent l'impression de me transpercer. Le texte griffonné en travers de la photo cite les graffitis tracés par un soldat hollandais inconnu membre de la force d'interposition de l'ONU envoyée en Bosnie en 1994.

Pas de dents… ?

Une moustache… ?

Une odeur de merde… ?

C'est une Bosniaque !

Cette œuvre puissante me rappelle ce que j'ai entendu l'après-midi à Zagreb dans un bistrot. Le garçon de café m'a raconté que, pendant la guerre, les clients avaient du mal à choisir le bon mot pour commander du café. C'est que les Croates, les Bosniaques et les Serbes ne disent pas « café » de la même façon. En toute innocence, on risquait de choisir un mot dont la connotation politique pouvait être dangereuse. « Afin d'éviter les ennuis, m'avait-il expliqué, les gens se sont mis à commander un *espresso*, c'est un mot italien, neutre, et du jour au lendemain on n'a plus servi de café ici, seulement des *espressos*. »

Assis devant la photo, je songe aux mots, à la xénophobie et à la haine qui existent là d'où je viens et là où je suis aujourd'hui. Je m'aperçois alors que le soleil est en train de se lever. La nuit est finie, et je n'aurai pas eu le temps de profiter du luxe de ce lit moelleux que le gardien avait fait pour moi.

Dans le coin de la salle où je m'étais assis, je me lève pour dire au revoir à la jolie fille de la photo. À la lumière du jour elle est encore plus belle. Déjà huit heures ! Je me dirige vers la sortie pendant que les premiers visiteurs, guide de la ville à la main, arrivent au musée.

Picsou Park

Quand j'étais petit, mon père m'emmena un jour en visite chez un ami de la famille à qui il manquait un doigt. Quand il vit que je n'arrivais pas à détacher le regard de sa main à quatre doigts, cet homme me raconta qu'il avait travaillé en usine. Un jour, sa montre-bracelet était tombée dans une machine et quand il y avait introduit instinctivement la main, des lames aiguisées lui avaient tranché le doigt.

« C'est arrivé en une fraction de seconde, se remémora-t-il avec un soupir. Mais le temps que mon cerveau dise à mon bras qu'il ferait mieux de ne pas s'aventurer dans le ventre de cette machine, il ne me restait plus que neuf doigts. »

Je me souviens que je l'avais écouté attentivement en m'efforçant de prendre l'air triste. Mais le fol orgueil qui palpitait déjà au plus profond de mon être me disait que ce genre d'accident risquait d'arriver à des inconnus malchanceux, pas à moi.

Si jamais je laisse tomber une montre dans une machine pleine de lames, songeais-je par-devers moi, il ne me viendra jamais à l'idée d'y plonger la main pour la récupérer.

J'ai repensé à cette histoire il y a quelques semaines, le matin où ma femme et moi avons dit à notre fils, qui aura bientôt six ans, que nous projetions un voyage en famille à Paris. Ma femme parlait avec enthousiasme de la tour Eiffel et du Louvre et je marmonnais quant à moi quelque chose sur le Centre Pompidou et le jardin du Luxembourg. Lev s'est contenté de hausser les épaules en demandant sans enthousiasme si nous ne pourrions pas plutôt aller à Eilat. « C'est exactement comme aller à l'étranger, raisonnait-il, sauf qu'à Eilat tout le monde parle hébreu. »

Et c'est alors que ça s'est produit, cette erreur d'une fraction de seconde que j'allais payer cher. Le genre de boulette qui vous laisse vos dix doigts, d'accord, mais vous inflige une cicatrice affective dont on ne se remet jamais.

« Tu as déjà entendu parler d'Euro Disney ? ai-je demandé avec un enjouement forcé, quasi hystérique.

– Euro quoi ? a répliqué mon fils. C'est quoi, ce truc-là ? »

Poussée par son remarquable instinct de survie, ma femme s'est empressée d'intervenir. « Bof, c'est rien, a-t-elle dit. C'est un endroit où… tu sais, c'est très loin et très bête. Viens voir, on va regarder des photos de la tour Eiffel sur Internet. »

Mais l'intérêt de Lev était éveillé à présent : « J'ai pas envie de voir la tour Eiffel. Je veux voir des photos de l'endroit que papa vient de dire. »

Cet après-midi-là, quand le petit est parti pour son cours de capoeira, où on lui enseigne depuis deux ans à flanquer des coups de pied experts à ses copains sur un rythme de samba, je suis allé humblement trouver ma femme pour implorer son pardon : « Il manifestait tellement peu d'intérêt pour ce voyage que j'avais envie de le stimuler un peu, quoi.

– Je sais, m'a-t-elle dit en me serrant dans ses bras. T'en fais pas. Même si c'est vraiment moche, ça sera vite passé. Rien qu'une petite journée affreuse par rapport à tout le reste de notre vie. »

Deux semaines plus tard, par un dimanche matin gris et humide, on s'est retrouvés, frissonnants, sur le parvis d'entrée de ce qu'on appelle aujourd'hui Disneyland Paris. Des employés à la mine lugubre mais revêtus d'uniformes joyeux nous bloquaient physiquement l'accès aux manèges. « L'entrée n'est autorisée pour le moment qu'aux résidents de l'hôtel Disney et aux détenteurs d'un passeport Disney qui est en vente aux guichets », expliquait l'une des employées d'une voix rauque et triste à la Amy Winehouse.

« J'ai froid, geignait Lev. Je veux que la dame nous fasse entrer.

– Elle peut pas, lui ai-je dit en lui soufflant mon haleine chaude sur le nez en une vaine tentative de faire fondre la morve gelée qui lui pendait aux narines.

– Mais ceux-là, ils sont entrés, s'est-il lamenté, montrant du doigt un groupe d'enfants joyeux qui agitaient leurs passeports Mickey flambant neufs sous le nez de Mlle Winehouse. Pourquoi ils ont le droit d'entrer et pas moi ? »

J'ai risqué une réponse sérieuse complètement à côté de la plaque : « Tu te rappelles qu'on a parlé des manifs pour la défense des mesures de protection sociale, cet été ? On disait que l'égalité des chances n'existait pas ?

– Je veux voir Mickey ! a ronchonné le petit. Je veux raconter ça à Mickey. Si Pluto et lui savaient ce que la dame nous fait, eux, ils nous laisseraient entrer.

– Mickey et Pluto n'existent pas vraiment, ai-je expliqué. Et quand bien même ils existeraient, crois-tu qu'il y a une chance qu'un chien et une souris puissent influencer la politique de maximisation du profit d'une multinationale au sommet de la réussite ? Si Mickey venait à notre aide, il y a au contraire toutes les chances pour qu'il se fasse virer avec…

– Du pop-corn ! a hurlé mon fils. Je veux du pop-corn ! Du pop-corn qui brille dans le noir, comme celui que la grosse fille est en train de manger là-bas ! »

Le temps d'avaler deux boîtes d'un pop-corn particulièrement collant qui se désagrégerait en caca phosphorescent plus tard dans la soirée, Winehouse nous a enfin fait entrer en même temps qu'un millier de familles désespérées et, tous ensemble, nous nous sommes précipités vers les manèges. Ma pacifiste de femme, dans son désir d'éviter de piétiner un tout petit en larmes, a brièvement fait un pas de côté qui nous a coûté vingt minutes d'attente supplémentaire au carrousel Dumbo. La file semblait très courte quand on était dedans. C'est peut-être là que réside le vrai génie de cet établissement : la capacité à enrouler sur elles-mêmes les files d'attente d'une façon qui les fait toujours paraître courtes. Pendant que nous attendions, j'ai lu quelques infos croustillantes concernant Walt Disney sur mon iPhone. D'après le site auquel je m'étais connecté, contrairement à la légende, Disney n'était pas réellement nazi. Ce n'était qu'un antisémite comme les autres qui haïssait les communistes et vouait une profonde affection aux Allemands.

Éparpillés autour de nous dans le labyrinthe trompeur des files d'attente, se dressaient quelques piliers de pierre décoratifs sur lesquels poussaient des plantes minuscules. Lev s'est mis à râler parce que ces arbres miniatures sentaient mauvais. Je lui ai dit d'abord qu'il était victime de son imagination mais, après avoir vu un troisième papa soulever son fils dans les airs au-dessus d'un pilier pour lui faire faire pipi, je me suis rendu compte que le dieu qui avait béni les concepteurs du parc en les dotant d'une sagesse architecturale transcendante avait aussi béni mon fils en lui faisant don de sens aiguisés. Le temps s'était un peu réchauffé et la morve de mon fils était redevenue liquide. Ma femme m'a envoyé chercher des mouchoirs en papier. J'ai découvert lors de cette rapide excursion que tout ce que l'argent peut acheter était offert à profusion et sans difficulté dans le parc, tandis que ce qui ne rapportait rien, depuis les toilettes publiques jusqu'aux chalumeaux et aux serviettes en papier, était pour ainsi dire introuvable. Quand j'ai rejoint ma famille, Lev, tout joyeux, descendait du carrousel Dumbo. Il a couru jusqu'à moi et m'a fait un câlin.

« Papa, je me suis bien amusé. » Comme si ces mots avaient été un signal, un énorme Mickey a fait son apparition et s'est mis à bavarder avec les visiteurs. Lev m'a donné aussitôt des instructions :

« Dis à Mickey qu'on veut ouvrir un Shekel Disney exactement comme celui-ci en Israël.

– Qu'est-ce que c'est, un Shekel Disney ? ai-je demandé.

– C'est comme ici, sauf qu'au lieu de prendre des euros aux gens, on leur prendra des shekels », m'a expliqué mon financier en herbe.

Mickey se rapprochait. Quand il a été à portée de voix, je lui ai lancé un « Bonjour » en français dans l'espoir de rompre la glace. « *Welcome to Disneyland Paris !* » a répondu Mickey en nous adressant un signe de sa main gantée de blanc, sa main à quatre doigts.

Accident

« Trente ans que je fais le taxi, me dit le petit bonhomme assis au volant. Trente ans et pas un seul accident. » Il y a près d'une heure que je suis monté dans son taxi à Beersheba et il n'a pas cessé de parler une seconde. En d'autres circonstances, je lui dirais de la fermer, mais aujourd'hui je n'en ai pas l'énergie. En d'autres circonstances je ne débourserais pas non plus trois cent cinquante shekels pour aller en taxi à Tel-Aviv. Je prendrais le train. Mais aujourd'hui, je sens qu'il faut que je rentre chez moi au plus vite. Il y a urgence. Il faut que je rentre comme on remet au congélateur une crème glacée qui commence à fondre, comme on recharge sans perdre une minute la batterie de son téléphone portable.

J'ai passé la nuit à l'hôpital Ichilov avec ma femme. Elle a fait une fausse couche et saignait abondamment. On a cru que cela s'arrangerait jusqu'à ce qu'elle perde connaissance. C'est aux soins intensifs qu'on nous a dit que sa vie était en danger et qu'on lui a fait une transfusion. Quelques jours avant, les médecins de papa nous avaient annoncé à mes parents et moi que la tumeur qu'il avait à la base de la langue récidivait et que le seul moyen de la combattre était de lui enlever la langue et le larynx. L'oncologue n'était pas pour l'opération, contrairement à papa. « À mon âge, disait-il, je n'ai besoin que de mon cœur et de mes yeux pour avoir la joie de voir grandir mes petits-enfants. » Comme nous sortions de la consultation, l'oncologue m'avait chuchoté, « Essayez de lui parler. » On voit qu'elle ne connaît pas mon papa.

Le chauffeur répète pour la centième fois qu'en trente ans il n'a pas eu un seul accident et que, tout à coup, il y a cinq jours, sa voiture a « effleuré » le pare-chocs de celle qui était devant lui à vingt à l'heure. Quand ils s'étaient arrêtés pour constater les dégâts, il avait vu qu'en dehors d'une égratignure sur la gauche du pare-chocs, l'autre voiture n'avait subi aucun dommage. Il avait proposé au conducteur de lui filer deux cents shekels mais non, le type, un Russe, en tenait pour le constat amiable et les assurances. Le lendemain, le Russe lui avait donné rendez-vous dans un garage et là, avec le garagiste – probablement un de ses copains –, ils lui avaient fait voir que, de l'autre côté de la voiture, la carrosserie était complètement enfoncée ; une remise en état coûterait deux mille shekels. Le chauffeur avait refusé de payer et la compagnie d'assurances du Russe l'assignait.

« Vous en faites pas, ça va s'arranger, lui dis-je dans l'espoir que mes paroles vont au moins le faire taire une minute.

– Comment voulez-vous que ça s'arrange ? se lamente-t-il. Y vont me baiser. Ces salauds vont me prendre mon fric. Vous vous rendez compte ? Ça fait cinq jours que j'en dors plus. Vous voyez ce que je veux dire ? »

Je lui suggère d'arrêter de ressasser. « Essayez de

penser à autre chose. À d'autres aspects de votre vie. À des choses agréables. Heureuses.

– Je peux pas, fait le chauffeur, grognant et grimaçant. Je peux pas. C'est tout.

– Alors arrêtez de m'en parler, lui dis-je. Continuez d'y penser et de souffrir autant que vous voulez mais ne parlez plus, d'accord ?

– C'est pas l'argent, poursuit le chauffeur de taxi. Vous pouvez me croire. C'est l'injustice qui me rend malade.

– Fermez-la ! finis-je par craquer. Taisez-vous une minute.

– Pourquoi vous gueulez comme ça ? demande le chauffeur, outragé. Je suis vieux. C'est pas gentil.

– Je gueule parce que mon père va mourir si on ne l'opère pas pour lui enlever la langue », je gueule de plus belle, « je gueule parce que ma femme est à l'hôpital après une fausse couche. » Le chauffeur se tait pour la première fois depuis que j'ai mis les pieds dans son taxi et c'est moi maintenant qui ne peux plus m'arrêter de parler.

« On va faire un marché, lui dis-je. Vous m'arrêtez devant un distributeur, je retire deux mille shekels et je vous les refile. En échange, votre père à vous se fait enlever la langue, on hospitalise votre femme et on la transfuse après une fausse couche. » Le chauffeur garde le silence. Et moi aussi, à présent. Je suis embêté de lui avoir crié dessus, mais pas assez pour m'excuser. Histoire d'éviter ses yeux dans le rétroviseur, je regarde par la vitre. Sur un panneau, je lis « Rosh Ha'ayin » et je me rends compte qu'on a loupé la sortie pour Tel-Aviv. Je le lui signale poliment ou peut-être que je le lui gueule sous l'effet de la colère, je ne me rappelle plus. Il me dit de ne pas m'inquiéter. Il ne connaît pas vraiment le chemin, mais il lui faut deux minutes pour se renseigner.

Quelques secondes plus tard il stoppe sur la bande d'arrêt de l'autoroute après avoir réussi à convaincre un autre automobiliste de s'arrêter. Il ouvre la portière du taxi pour aller demander le chemin de Tel-Aviv. « Vous allez nous tuer tous les deux, lui dis-je. Vous ne pouvez pas stationner ici.

– Trente ans que je fais le taxi, me lance-t-il en descendant. Trente ans sans le moindre accident. » Seul dans la voiture, je sens monter mes larmes. Je ne veux pas pleurer. Je ne veux pas m'apitoyer sur moi-même. Je veux « penser positif », comme papa. Ma femme va bien maintenant, et nous avons déjà un fils merveilleux. Papa a survécu à l'Holocauste pour arriver à l'âge de quatre-vingt-trois ans. Le verre n'est pas seulement à moitié plein, il déborde. Je n'ai pas envie de me mettre à pleurer. Pas dans ce taxi. Les larmes montent et ne tarderont pas à couler. Soudain, le fracas d'un énorme choc et le bruit des vitres brisées. Le monde qui m'entoure vole en éclats. Une voiture gris métallisé dérape en travers de la voie centrale, complètement enfoncée. Le taxi bouge aussi. Mais pas sur le sol. Il vole au-dessus vers le mur de béton qui borde l'autoroute. Après qu'il l'a heurté, nouveau bruit de choc. Une autre voiture a dû s'écraser contre le taxi.

Dans l'ambulance, l'infirmier qui porte une calotte me dit que j'ai eu beaucoup de chance. Un accident comme celui-là qui ne fait aucun mort est un miracle. « Dès que vous sortirez de l'hôpital, me dit-il, vous devriez courir à la synagogue pour remercier d'être encore vivant. » Mon portable sonne. C'est papa. Il veut seulement me demander si j'ai passé une bonne journée à l'université et si le petit dort déjà. Je lui dis que le petit dort et que j'ai passé une excellente journée à l'université. Et que Shira, ma femme, va très bien elle aussi. Elle vient d'entrer dans la douche. « C'est quoi, ce bruit ? » demande-t-il.

Je lui réponds que c'est la sirène d'une ambulance qui passe dans la rue.

Il y a cinq ans, alors que j'étais en Sicile avec ma femme et notre bébé, j'ai téléphoné à papa pour prendre de ses nouvelles. Il me disait que tout allait bien. À l'arrière-plan, un haut-parleur était en train d'appeler un certain Dr Shulman attendu en salle d'opération. « Où es-tu ? » lui demandai-je. « Au supermarché, dit mon père sans une seconde d'hésitation. La sono annonce qu'un enfant attend ses parents à l'accueil. »

Il était si convaincant quand il a dit ça. Si confiant, si content.

« Pourquoi tu pleures ? » me demande maintenant papa à l'autre bout du fil. « C'est rien », dis-je alors que l'ambulance s'arrête à l'entrée des urgences et que l'infirmier en ouvre les portes à la volée. « Je t'assure, c'est rien, vraiment. »

Une moustache pour mon fils

Avant le sixième anniversaire de Lev, nous lui avons demandé si ça lui ferait plaisir qu'on fasse quelque chose de particulier. Il nous a regardés d'un air méfiant ma femme et moi et nous a demandé à son tour pourquoi on ferait quoi que ce soit de particulier. Je lui ai répondu que rien ne nous y obligeait mais que d'ordinaire on fait quelque chose de particulier pour fêter l'anniversaire des gens parce que c'est un jour particulier. Si Lev avait envie de quelque chose, ai-je expliqué, comme décorer la maison, faire un gâteau ou aller quelque part où nous n'allons pas d'ordinaire, sa mère et moi serions contents de lui faire ce plaisir. Sans quoi nous pouvions passer la journée comme d'habitude. C'était à lui de décider. Il m'a longuement dévisagé avant de dire, « Oui, j'ai envie que toi, tu fasses quelque chose de particulier. »

C'est ainsi que la moustache est apparue.

La moustache est une créature poilue et mystérieuse, bien plus énigmatique que sa grande sœur, la barbe, laquelle signale manifestement une détresse (le deuil, l'entrée en religion, le naufrage sur une île déserte). Alors que la moustache est plutôt associée à *Shaft*, Burt Reynolds, aux stars masculines du porno allemand, à Omar Sharif et Bachar el-Assad – bref, aux années 1970 et aux Arabes. De telle sorte qu'au lieu de « Comment va ? », « La famille va bien ? » ou « Tu travailles à quelque chose de nouveau ? », il est tout naturel qu'une vieille connaissance découvrant votre moustache pour la première fois demande, « C'est quoi, cette moustache ? » La date d'apparition de ma moustache toute neuve – dix jours après la fausse couche de ma femme, une semaine après que j'ai eu le dos bousillé dans un accident et deux semaines après que mon père a appris qu'il souffrait d'un cancer inopérable – n'aurait pu être mieux choisie. Au lieu de parler de la chimio de papa ou de la transfusion de ma femme, j'ai pu détourner tous les bavardages sans conséquence sur l'épaisse touffe de poils qui poussait au-dessus de ma lèvre supérieure. Et quand on s'avisait de me demander, « C'est quoi, cette moustache ? », j'avais la réponse parfaite, d'autant plus qu'elle était presque véridique : « C'est pour le petit. »

Une moustache n'est pas seulement un bon moyen de détourner l'attention ; elle est aussi un excellent adjuvant pour rompre la glace. C'est incroyable le nombre de gens qui, voyant une nouvelle moustache barrer un visage familier, sont heureux de faire profiter son propriétaire de leurs propres histoires de moustaches. Ainsi ai-je appris que l'acupuncteur qui traite mes douleurs de dos a été officier dans une unité d'élite d'Israël et qu'il s'est un jour dessiné une moustache sur la figure. « Ça a l'air d'une blague, disait-il, mais on a fait un jour une opération clandestine déguisés en Arabes et on nous avait dit que les deux choses les plus importantes étaient la moustache et les chaussures. Avec une moustache respectable et des chaussures convaincantes, les gens te prennent pour un Arabe même si tes parents sont nés en Pologne. »

Il se rappelait bien l'opération en question. C'était au Liban, et ils progressaient à découvert, à travers champs. Ils repérèrent à quelque distance un type coiffé d'un keffieh venant dans leur direction, qui avait une arme sur l'épaule. Ils se jetèrent à plat ventre. Leurs ordres étaient clairs. S'ils croisaient un homme armé d'une kalachnikov, c'était un terroriste et il fallait l'abattre sans sommation ; si c'était un fusil de chasse, on avait probablement affaire à un simple berger.

Mon acupuncteur entendit les deux tireurs d'élite de l'unité discuter au talkie-walkie. Le premier affirmait que la crosse lui permettait de voir qu'il s'agissait d'une kalachnikov de fabrication chinoise. L'autre, que l'arme était trop longue pour être une kalachnikov – il pensait que c'était une vieille pétoire, pas une arme automatique. Le type approchait. Le premier tireur demandait sans arrêt la permission d'ouvrir le feu. L'autre ne disait rien. Mon acupuncteur était en nage, à plat ventre, un garçon de vingt ans équipé de jumelles et d'une moustache peinte, ne sachant absolument pas quoi faire. Son second lui chuchota à l'oreille que, s'il s'agissait vraiment d'un terroriste, il fallait ouvrir le feu avant qu'il les repère.

À cet instant précis, le type qui marchait dans leur direction s'immobilisa, se détourna et éternua. Mon acupuncteur vit alors sans difficulté avec ses jumelles que le type portait en réalité un grand parapluie.

« Voilà, c'est fait, dit l'acupuncteur en ôtant la dernière aiguille de mon épaule gauche. Vous pouvez vous rhabiller. » Quand j'eus fini de reboutonner ma chemise et que je me regardai dans le miroir, la moustache de mon reflet me parut totalement irréelle, tout autant que l'histoire que je venais d'entendre. Celle d'un môme, affublé d'un gribouillis de moustache, qui avait failli tuer un type portant un parapluie qui ressemblait à un fusil, lors d'une opération clandestine qui ressemblait à une guerre. Peut-être bien que je vais la raser, cette moustache, en définitive. Il règne une telle confusion ici, inutile d'y ajouter encore de l'irréalité.

À quoi ça tient

Il y a cinq ans mes parents célébraient leur quarante-neuvième anniversaire de mariage dans des conditions un peu douloureuses, mon père ayant pris place à la table de fête avec les joues enflées et l'air coupable de celui qui dissimule une quantité de noix dans sa bouche. « Depuis que la dentiste lui a posé ses implants, il a l'air d'un hamster sournois, dit ma mère non sans malice. Mais elle lui a promis que ce serait fini dans une semaine.

– Elle se permet de parler comme ça, rétorqua mon père piqué au vif, parce qu'elle sait que je ne peux pas mordre pour l'instant. Mais ne t'inquiète pas, *Mamele*. Nous autres hamsters, nous avons une excellente mémoire. » Et afin de prouver cette assertion, il retourna cinquante ans en arrière pour nous raconter, à ma femme et moi, comment ma mère et lui s'étaient connus.

Mon père avait vingt-neuf ans à l'époque, et travaillait aux installations électriques des immeubles en construction. Chaque fois qu'il terminait un chantier, il dépensait son salaire en deux semaines de bringue, après quoi il passait deux jours au lit pour récupérer et partait sur un nouveau chantier. Pendant une de ses virées, il alla avec quelques copains dans un restaurant roumain sur la plage de Tel-Aviv. La cuisine n'était pas fameuse, mais l'alcool était passable et l'orchestre gitan fantastique. Mon père écoutait encore les musiciens et leurs mélodies plaintives longtemps après que ses copains s'étaient écroulés ivres morts et avaient été raccompagnés chez eux. Même après le départ du dernier client, quand le restaurateur, déjà âgé, annonça la fermeture, mon père refusa de se séparer de la troupe et, moyennant quelques compliments et un peu d'argent, parvint à convaincre les gitans de devenir son orchestre personnel jusqu'à la fin de la nuit. Ils l'accompagnèrent donc tout au long de la promenade du bord de mer, en jouant mieux que jamais. Quand mon père, fin ivre, fut pris d'une envie irrépressible d'uriner, il demanda à son orchestre privé d'attaquer un air vif et enjoué adapté à ce genre d'exercice osmotique. Puis il entreprit de faire ce qu'on fait après un excès de boisson contre le premier mur venu. « Tout était absolument parfait, dit-il avec un sourire qui élargissait encore ses joues de hamster, la musique, le décor, la légère brise de mer. »

Quelques minutes plus tard, cette euphorie fut gâchée par l'arrivée en trombe d'une voiture de police venue arrêter mon père pour trouble à l'ordre public et manifestation non autorisée. Il s'avéra que le mur qu'il avait choisi comme urinoir était celui de l'ambassade de France et que les gardiens avaient pensé que cet homme qui urinait accompagné par un joyeux orchestre de musiciens gitans se livrait à quelque happening politique de protestation. Ils avaient aussitôt prévenu la police. Les flics poussèrent mon père, qui se montrait joyeusement coopératif, sur la banquette arrière de la voiture. Le siège était moelleux et confortable et, au bout d'une si longue soirée, mon père accueillit avec reconnaissance l'occasion de piquer un petit roupillon. Contrairement à mon père, les gitans, qui n'avaient pas bu, résistèrent à l'arrestation, clamant bien haut qu'ils n'avaient rien fait d'illégal. La police essaya de les faire monter dans un fourgon et, dans la mêlée, le singe d'un des musiciens mordit le brigadier commandant l'opération. Ce dernier réagit en poussant un hurlement qui réveilla mon père, lequel, par légitime curiosité, descendit aussitôt de voiture pour comprendre ce qui se passait. Il vit des policiers et des gitans qui s'affrontaient en une bataille vaguement comique, et, derrière eux, quelques badauds qui s'étaient arrêtés pour assister à ce spectacle inhabituel. Parmi eux, se tenait une belle rousse. À travers les fumées de l'alcool, mon père constata qu'il s'agissait de la plus somptueuse créature qu'il eût jamais vue. Tirant de sa poche son bloc-notes d'électricien, il prit sur son oreille droite le crayon qu'il y rangeait toujours afin d'être paré à toute éventualité, alla accoster ma mère, se présenta à elle comme l'inspecteur Ephraïm et lui demanda si elle avait été témoin de l'incident. Effrayée, ma mère dit qu'elle venait d'arriver, mais papa lui affirma qu'il lui fallait relever son identité afin de pouvoir l'interroger par la suite. Elle lui donna son adresse et avant que l'inspecteur Ephraïm eût le temps de poser une autre question, deux flics furibonds l'empoignèrent, le menottèrent et le traînèrent jusqu'à la voiture. « Je vous recontacterai », cria-t-il à ma mère depuis la voiture qui démarrait, avec l'optimisme qui le caractérise. Maman rentra chez elle tremblant de tous ses membres et dit à sa coloc qu'un tueur en série avait réussi à lui extorquer son adresse par la ruse. Le lendemain, papa se présenta à la porte de ma mère, à jeun et portant un bouquet de fleurs. Elle refusa de lui ouvrir. Une semaine plus tard, ils allèrent au cinéma et, un an après, ils étaient mariés.

Cinquante ans ont passé. L'inspecteur Ephraïm ne travaille plus comme électricien installateur et ma mère n'a pas eu de coloc depuis bien longtemps. Mais pour les grandes occasions, comme les anniversaires de mariage, mon père sort encore du bar à liqueurs une bouteille d'un whisky bien spécial, c'est celui que l'on servait dans ce restaurant roumain, fermé depuis des années, et il en verse un petit verre à chacun. « Quand elle a dit seulement des liquides pendant la première semaine, elle voulait dire de la soupe, pas ça, me chuchote ma mère pendant que nous entrechoquons tous nos verres.

– Fais bien attention, *Mamele*, j'entends tout, dit papa en versant entre ses deux grosses joues le contenu de son godet de whisky. Et d'ici dix jours, j'aurai de nouveau le droit de mordre. »

Dans le taxi qui nous ramène chez nous, ma femme dit qu'il y a dans la façon dont les couples se sont connus quelque chose qui permet d'entrevoir ce à quoi ressemblera leur vie ensemble. « Mes parents, dit-elle, se sont rencontrés dans des circonstances hautes en couleur et très mouvementées, et la vie de leur ménage a l'air d'une fête foraine. » Je lui demande : « Et nous ? » Je suis tombé amoureux d'elle en boîte. Elle y était entrée quand je m'apprêtais à en sortir. On ne se connaissait qu'assez superficiellement. « Je m'en allais, vociférai-je, essayant de me faire entendre malgré le boucan lorsque nous étions tombés l'un sur l'autre près de la porte. Je me lève tôt demain.

– Embrasse-moi », avait-elle vociféré en réponse. Figé sur place, j'étais. Je ne la connaissais pas bien mais elle m'avait toujours paru très timide et cette demande me prenait totalement par surprise.

« Je vais peut-être rester encore un peu », dis-je.

Une semaine plus tard, on était un couple. Un mois plus tard, je lui dis que son « Embrasse-moi », à la porte de la boîte, était ce que j'avais entendu de plus audacieux dans la bouche d'une fille. Elle m'avait regardé avec un sourire. « Ce que j'avais dit c'est, "Tu ne trouveras jamais de taxi." » Heureusement que je l'avais mal entendue.

« Nous ? » Ma femme a réfléchi quelques instants dans le taxi. « On ressemble aussi à la façon dont on s'est rencontrés. Il y a notre vie, et toi qui n'arrêtes pas de la réinventer pour essayer d'en faire quelque chose de plus intéressant. C'est bien ça que font les écrivains, non ? »

J'ai haussé les épaules, j'avais l'impression de m'être fait un peu rabrouer. « Oh, mais je ne me plains pas, dit ma femme en m'embrassant. Si je compare avec ta tradition familiale d'aller pisser quand on est soûl contre un mur d'ambassade, je m'en tire à bon compte. »

Septième année

Dans les pas de mon père

Ce soir-là j'étais censé décoller d'Israël pour Los Angeles où serait donné le coup d'envoi de la tournée promotionnelle de mon livre – et je n'avais pas envie de partir. Il y avait quatre semaines seulement que mon père était mort et à cause de ce voyage je manquerais le jour où serait dévoilée sa pierre tombale. Mais ma mère avait enfoncé le clou : « Ton père aurait tenu à ce que tu y ailles. » Et l'argument était très persuasif. Papa aurait réellement voulu que je fasse cette tournée. La première fois qu'il était tombé malade, j'avais annulé tous mes projets de voyage, et s'il se rendait compte de l'importance qu'il y avait pour nous deux à être ensemble pendant ces jours difficiles, ces annulations l'avaient tout de même tracassé.

Pour l'heure, je pensais à lui et à la tournée du livre tout en donnant son bain à Lev. D'un côté, me disais-je, le dernier truc au monde dont j'avais envie était d'embarquer dans un avion. De l'autre, cela me ferait peut-être du bien d'être occupé, de penser à autre chose pendant quelque temps. Mon fils sentait que j'avais la tête ailleurs, et quand je le sortis de la baignoire et me mis à le sécher avec la serviette, il y vit l'occasion rêvée d'une petite bagarre de dernière minute avant le départ de son papa. Il cria « Attaque-surprise ! » et me donna un coup de boule amical dans l'estomac. Lequel encaissa fort bien, mais Lev, lui, glissa sur le sol mouillé et bascula à la renverse, sa tête menaçant d'atterrir sur le rebord de notre vieille baignoire. D'instinct, je parvins à poser la main sur ce rebord à temps pour amortir le choc.

Lev sortit indemne de cette petite mésaventure, et moi aussi, à l'exception d'une coupure au dos de ma main gauche. Comme l'émail éclaté du rebord de notre vieille baignoire présentait quelques taches brunes de rouille, je dus me rendre dans une clinique voisine pour une injection de sérum antitétanique. Je me débrouillai pour le faire très vite de manière à être de retour à la maison quand Lev se coucherait. Il était déjà au lit en pyjama et semblait perturbé. « On t'a fait une piqûre ? » demanda-t-il. Je fis oui de la tête. « Et t'as eu mal ?

– Un peu.

– C'est pas juste, s'écria Lev. Non, pas juste ! C'est moi qui ai chahuté. C'est moi qui aurais dû m'égratigner et avoir la piqûre, pas toi. Pourquoi t'as mis la main là, d'ailleurs ? »

Je lui répondis que c'était pour le protéger. « Je sais bien, dit-il. Mais pourquoi, pourquoi t'as voulu me protéger ?

– Parce que je t'aime. Parce que tu es mon fils. Parce qu'un père doit toujours protéger son fils.

– Mais pourquoi ? insista Lev. Pourquoi un père doit protéger son fils ? »

Je réfléchis quelques instants avant de répondre. « Écoute, dis-je en lui caressant la joue, le monde dans lequel nous vivons est parfois très dur. Alors la moindre des choses c'est que tous ceux qui naissent dans ce monde aient au moins une personne pour les protéger.

– Alors et toi ? demanda Lev. Qui te protégera maintenant que grand-père est mort ? »

Je n'ai pas fondu en larmes devant lui. Mais plus tard ce soir-là, dans l'avion de Los Angeles, j'ai pleuré.

L'employé au comptoir d'embarquement à l'aéroport Ben Gourion m'avait suggéré de prendre ma petite valise en cabine, mais je n'avais pas envie de m'en encombrer et je l'avais enregistrée. Après l'atterrissage, l'ayant attendue en vain devant le tapis roulant de livraison des bagages, je compris que j'aurais mieux fait de l'écouter. Il n'y avait pas grand-chose dans la valise : des sous-vêtements, des chaussettes, quelques chemises repassées et bien pliées pour mes lectures et une paire de chaussures de mon père. À vrai dire, ma première idée était d'emporter sa photo pendant la tournée mais je ne sais trop pourquoi, sans raison logique, une minute avant de descendre prendre mon taxi, je fourrai dans la valise une paire de chaussures qu'il avait oubliée chez moi quelques mois plus tôt. Ces chaussures tournaient sans doute sur un tapis roulant dans un autre aéroport.

Il fallut à la compagnie aérienne une semaine pour me renvoyer ma valise, semaine au cours de laquelle j'avais participé à plusieurs rencontres, donné des tas d'interviews et fort peu dormi. Le décalage horaire me procurait une excellente excuse même si je dois avouer que déjà en Israël, avant mon départ, je ne dormais pas très bien. Je décidai de fêter les émouvantes retrouvailles avec ma valise en prenant une longue douche bien chaude. Ouvrant ma valise, la première chose que j'y vis était les chaussures de mon père, au-dessus d'une pile de chemises repassées. Je les posai sur le bureau. Je pris un tricot de corps et un caleçon et passai dans la salle de bains. J'en sortis dix minutes plus tard et découvris une inondation : le plancher de ma chambre était couvert d'eau. Une affaire de tuyauterie comme il s'en produit rarement, m'apprit par la suite, avec un fort accent polonais, le moustachu chargé de l'entretien de l'hôtel. Tout le contenu de ma valise, que j'avais laissée par terre, était trempé. Heureusement que j'avais jeté mon jean sur le lit et accroché mes sous-vêtements au porte-serviette.

La voiture qui devait venir me chercher serait là dans quelques minutes, tout juste le temps de sécher une paire de chaussettes au sèche-cheveux et de découvrir que ça n'avait servi à rien parce que mes chaussures reposaient au fond du marécage boueux qu'était devenue ma chambre. Le chauffeur m'appela sur mon portable. Il venait d'arriver et, ne trouvant pas à se garer, s'inquiétait de savoir combien de temps il me faudrait pour descendre. Je jetai un regard aux chaussures de mon père posées sur le bureau, sèches ; elles avaient l'air très confortables. Je les mis et nouai les lacets. Elles m'allaient à la perfection.

La maison étroite

La serveuse de ce café de Varsovie demande si je suis un touriste. Je lui réponds, en indiquant du doigt le carrefour tout proche, « À vrai dire, ma maison est là, à deux pas. » C'est incroyable le peu de temps qu'il m'a fallu pour appeler « ma maison » cet espace d'un mètre vingt de large dans un pays étranger dont je ne parle pas la langue. Mais je me sens vraiment chez moi dans cet espace étroit et oblong.

Voilà seulement trois ans, j'ai cru d'abord qu'il ne s'agissait que d'une blague idiote. J'avais reçu sur mon portable l'appel d'un numéro masqué. Un type qui s'exprimait en anglais avec un fort accent polonais se présenta comme Jakub Szczesny, architecte polonais.

« Un jour, me dit-il, en me promenant dans la rue Chlodna, j'ai vu une faille étroite entre deux immeubles. Et cette faille m'a dit que je devais construire là une maison pour vous.

– Génial, dis-je, m'efforçant de garder mon sérieux. On est toujours bien inspiré d'écouter ce que disent les failles. »

Deux semaines après cette étrange conversation, que j'avais archivée dans ma mémoire sous la rubrique « Canulars à éclaircir », je reçus un autre appel de

Szczesny. Il s'avéra que cette fois il appelait de Tel-Aviv. Il y était venu afin que nous nous rencontrions parce qu'il pensait, à juste titre, que je ne l'avais pas pris suffisamment au sérieux lors de la conversation précédente. Quand nous nous retrouvâmes dans un café de la rue Ben Yehuda, il m'exposa plus en détail son idée de me construire une maison qui aurait les proportions de mes nouvelles : aussi minimaliste et petite que possible. Quand il avait vu l'espace vacant entre les deux immeubles de la rue Chlodna, il avait compris que c'était là qu'il devait construire un foyer pour moi. Et il me montra les plans : ceux d'une maison étroite sur trois niveaux.

Après notre rencontre, j'emportai chez mes parents l'image simulée par ordinateur de la maison de Varsovie. Varsovie où ma mère est née en 1934. Quand la guerre éclata, elle et sa famille se retrouvèrent dans le ghetto. Elle n'était qu'une enfant mais dut trouver des moyens pour assurer la subsistance de ses parents et de son jeune frère. Les enfants pouvaient quitter le ghetto et y revenir par des brèches trop petites pour livrer passage à un adulte. Ils mettaient cette faculté à profit pour faire entrer clandestinement de la nourriture. Pendant cette période elle perdit sa mère et son frère. Puis, plus tard, son père, et elle se retrouva seule au monde.

Elle me raconta un jour, voilà bien des années, qu'après la mort de sa mère elle avait dit à son père qu'elle n'avait plus envie de se battre, qu'elle pouvait bien mourir aussi, elle s'en fichait. Son père lui avait répondu qu'il ne fallait pas qu'elle meure, qu'elle avait le devoir de survivre. « Les nazis, lui dit-il, veulent effacer de la Terre le nom de notre famille, et tu es la seule qui puisse continuer de le faire vivre. C'est ta mission : tenir jusqu'à la fin de la guerre pour t'assurer que notre nom survivra. De sorte que tous ceux qui circulent dans les rues de Varsovie le connaissent. » Peu après cette conversation il mourut. Quand la guerre fut finie, on plaça ma mère dans un orphelinat en Pologne, puis dans un autre en France, et de là en Israël. En survivant, elle avait satisfait la requête de son père. Maintenir en vie leur famille et son nom.

Quand mes livres ont commencé à être traduits, les deux pays dans lesquels j'ai connu mes plus grands succès d'écrivain furent, ce qui ne lasse pas d'être un peu surprenant, la Pologne et l'Allemagne. Par la suite, comme s'il s'agissait de se conformer à la biographie maternelle, ces deux premiers pays ont été rejoints par la France. Ma mère n'est jamais retournée en Pologne, mais mes succès dans son pays natal revêtaient une grande importance à ses yeux, plus même que mes succès en Israël. Je me souviens qu'après avoir lu mon premier recueil traduit en polonais, elle m'avait dit, « Tu n'es pas un auteur israélien, pas du tout. Tu es un auteur polonais en exil. »

Ma mère regarda l'image simulée pendant une fraction de seconde. À ma grande surprise, elle reconnut immédiatement la rue ; l'étroite maison serait construite, par le plus grand des hasards, à l'endroit précis où un pont reliait le petit ghetto au grand. Quand ma mère rapportait en fraude de quoi nourrir ses parents, elle devait franchir une barrière à cet endroit, gardée par un peloton de nazis. Elle savait qu'en se faisant surprendre avec une miche de pain elle serait exécutée sur-le-champ.

Et me voilà à présent à ce même carrefour et la

maison étroite a cessé d'être une simulation. Près de la sonnette, il y a une plaque qui proclame fièrement, en gros caractères, *DOM KERETE* (MAISON KERET) et j'ai le sentiment que ma mère et moi avons désormais exaucé le vœu de mon grand-père, et que notre nom revit dans cette ville où ne subsiste plus guère d'autre trace de ma famille.

Quand je reviens du café, une voisine m'attend à l'entrée, une femme encore plus âgée que ma mère, qui tient à la main un bocal. Elle habite de l'autre côté de la rue, a appris l'existence de la maison étroite et voulait souhaiter la bienvenue à ce nouveau voisin israélien en lui offrant une confiture qu'elle a faite elle-même. Je la remercie et lui explique que mon séjour dans la maison sera limité dans le temps et plutôt symbolique. Elle fait oui, oui, de la tête mais ne m'écoute pas vraiment. Le passant que j'arrête pour lui demander de traduire le polonais de la vieille femme en anglais s'interrompt dans sa tâche quand il s'agit de traduire mes mots à moi et me dit, vaguement contrit, qu'il la croit dure d'oreille. Je la remercie de nouveau et m'apprête à rentrer dans ma maison. Elle m'agrippe la main et se lance dans un long monologue. Le passant qui nous sert d'interprète a du mal à suivre son rythme. « Elle dit, me traduit-il, que, quand elle était petite fille, elle avait deux camarades de classe qui habitaient non loin d'ici. Elles étaient juives toutes les deux et, quand les Allemands avaient occupé la ville, elles avaient dû partir pour le ghetto. Avant leur départ, sa mère leur avait fait deux tartines de confiture qu'elle lui avait demandé de porter à ses petites copines. Elles avaient pris les tartines, l'avaient remerciée et elle ne les avait jamais revues. »

La vieille femme opine du chef comme pour confirmer tout ce que dit l'autre en anglais, et quand il termine, elle ajoute quelques phrases qu'il traduit. « Elle dit que la confiture qu'elle vous donne est exactement la même que celle que sa mère avait étalée sur les tartines des deux filles. Mais les temps ont changé et elle espère bien qu'on ne vous obligera jamais à partir d'ici. » La vieille femme continue de hocher la tête et ses yeux s'emplissent de larmes. Je la prends dans mes bras et mon étreinte commence par l'effaroucher, mais ensuite elle lui fait plaisir.

Ce soir-là, dans la cuisine de ma maison étroite, je m'assieds pour boire une tasse de thé et manger une tranche de pain tartinée d'une confiture que la générosité rend douce et que les souvenirs rendent amère. Je suis encore en train de manger quand mon portable vibre sur la table. Je regarde le numéro qu'il affiche – c'est ma mère. « Où es-tu ? » demande-t-elle de ce ton inquiet qu'elle adoptait autrefois quand j'étais enfant et que je tardais à rentrer de chez un copain.

Et ma voix s'étrangle quand je lui réponds : « Je suis chez nous, maman, ici, à Varsovie. »

Mauvais fond

Ma femme dit que je suis trop gentil, tandis que j'affirme qu'elle a, quant à elle, un très, très mauvais fond. Nous vivions ensemble depuis peu quand nous avons eu une vraie dispute à ce sujet. Elle commença quand j'arrivai à notre étage avec un chauffeur de taxi qui m'avait ramené depuis l'université. Il avait envie de faire pipi. Elle se réveilla au bruit de la chasse d'eau et elle déboula dans notre salon à demi dévêtue. Le chauffeur, petit bonhomme maigrichon, sortit des toilettes et la salua poliment d'un « Bonjour » tout en refermant sa braguette. Elle réagit par un cri aigu et battit en retraite dans la chambre.

La dispute éclata aussitôt après le départ du maigrichon. Elle dit que j'étais dingue d'inviter un chauffeur de taxi inconnu à venir se soulager chez nous, dans nos toilettes. Je dis que ç'aurait été cruel de ne pas le faire. Le taxi est un mode de transport dans lequel tout est fait pour la seule satisfaction du client. Les malheureux chauffeurs conduisent toute la journée et n'ont pas de toilettes à bord, où aurait-elle voulu qu'il se soulage, dans le coffre ? Tant que la discussion tourna autour du fait de savoir si j'étais dingue, elle resta tout à fait civilisée. Mais à l'instant où j'osai évoquer l'hypothèse inverse – que c'est peut-être la plupart des gens qui mettent leurs toilettes à la disposition des chauffeurs de taxi et que seuls ceux d'entre nous qui ont un mauvais fond, comme elle, par exemple, jugent cela anormal – le niveau de décibels monta.

La dispute se termina quand nous décidâmes de faire une liste de six amis communs auxquels nous poserions la même question : T'est-il jamais arrivé d'inviter un chauffeur de taxi à monter chez toi soulager une envie de faire pipi ? Si la majorité répondait par l'affirmative, je pourrais continuer d'ouvrir notre porte aux chauffeurs de taxi. Si elle répondait par la négative, je cesserais. Et en cas de partage cinquante-cinquante des réponses, je pourrais continuer de leur ouvrir notre porte mais je devrais présenter mes excuses à ma femme pour avoir dit qu'elle avait un mauvais fond, et lui masser les pieds tous les jours pendant une semaine.

Nous interrogeâmes nos six amis. Ils étaient tous de son côté. Mais qu'est-ce que vous faites si vous êtes dans le taxi d'un chauffeur qui a vraiment, mais alors vraiment envie d'aller aux toilettes ? demandai-je à chacun d'entre eux. Vous regardez ailleurs en faisant comme si de rien n'était ? Vous le payez en disant, « Gardez la monnaie, vieux, et continuez de rouler jusqu'à ce que vous vous retrouviez assis au milieu d'une petite flaque » ? Ce fut alors que j'eus une révélation, la nature m'a doté d'une capacité unique et totalement insignifiante de percevoir le moment où les gens ont envie d'aller aux toilettes. Ces choses-là, je l'ai compris alors, me sont aussi transparentes que les portes de verre de la banque contre lesquelles ma femme n'arrête pas de se cogner, alors que le reste de l'humanité est totalement insensible à l'état de la vessie d'autrui.

Tout cela se passait voilà onze ans mais vendredi dernier, en roulant vers la noce d'Amnon, au kibboutz Shefayim, je me le suis rappelé. Amnon et moi on a fait de l'aérobic dans la même salle pendant près de deux semaines, avant que je laisse tomber. L'unique raison pour laquelle je sais qu'il s'appelle Amnon c'est que, la première fois que je l'ai vu, le propriétaire de la salle lui a dit, « Eh, Amnon, personne vous a jamais parlé de déodorant ? » puis, s'interrompant une seconde, il s'est tourné vers moi, « Entre nous, Etgar, vous trouvez pas qu'il sent le bouc ? » J'ai répondu que non, je ne sentais rien, et depuis, Amnon et moi, on est restés plus ou moins copains. À vrai dire quand il m'a donné une invitation la dernière fois que je l'ai rencontré par hasard au café du coin, ça m'a surpris. Mais c'est comme les citations à comparaître – l'enveloppe n'a pas sitôt touché votre main que vous savez que vous serez obligé de vous présenter. C'est l'enfer, ces invitations : moins on connaît la personne qui vous invite à son mariage, plus on se sent obligé d'y aller. Si on n'est pas allé à la noce de son frère, par exemple, et qu'on lui dit, « J'ai pas pu venir parce que le petit a eu de telles douleurs dans la poitrine que j'ai dû l'emmener aux urgences », il nous croit parce qu'il sait bien qu'on tenait absolument à assister à son grand jour, alors que si c'est un Amnon, qu'on connaît à peine, il devine tout de suite que c'est un prétexte.

« Je vais sûrement pas aller au mariage d'un type qui sent le bouc que t'as connu dans une salle de gym où t'as mis les pieds même pas deux semaines, a déclaré ma femme avec beaucoup de détermination.

– Très bien, ai-je dit, j'irai seul. Mais la prochaine fois qu'on aura une discussion et que je te dirai…

– Que j'ai un mauvais fond ? Ah non, tu vas pas remettre ça, je te préviens ! m'a-t-elle mis en garde. Je supporte pas que tu dises ça. »

Alors, je ne le dis pas, mais je le pense, pendant tout le trajet jusqu'au kibboutz Shefayim. Je ne vais pas pouvoir rester longtemps. L'invitation disait que la *houppa* serait à midi et, à treize heures il y a la projection du film d'un de mes anciens étudiants à la cinémathèque de Tel-Aviv.

Avec la circulation d'ordinaire assez clairsemée du vendredi midi, il faut au maximum une demi-heure de Shefayim à Tel-Aviv, donc ça devrait coller. Sauf qu'il est déjà midi et demi et que la *houppa* n'a pas l'air de commencer. L'étudiant auteur du film a appelé trois fois pour demander quand j'arriverais. Plus précisément, il a appelé deux fois et son frère aîné que je ne connais pas a appelé la troisième fois pour me remercier d'avoir accepté de venir. « Il n'a invité aucun de ses autres profs à la projection, m'a-t-il dit, seulement la famille, les amis et vous. » Je décide de m'en aller. D'ailleurs, Amnon m'a vu et j'ai déjà donné un chèque. En montant dans le taxi j'envoie un texto à Gilad pour annoncer que j'aurai peut-être quelques minutes de retard. Il répond que ce n'est pas grave. Ils ont eu des problèmes techniques et la projo, elle, est retardée d'une heure au moins. Du coup, je demande au chauffeur de faire demi-tour et de me reconduire à la noce. La *houppa* vient de se terminer. Je vais féliciter Amnon et la jeune mariée. Il me serre dans ses bras, il a l'air vraiment heureux. Je sais que ce n'était pas très gentil de la part de ma femme de dire qu'il « sent le bouc » ; c'est un type bien, avec des joies, des peines et tout ça, mais il faut reconnaître qu'il est affligé d'une odeur corporelle assez forte.

Pendant la projection, je reçois un texto de ma femme. « Où es-tu ? Les Drucker attendent. Shabbat va commencer et il faut qu'ils retournent à Jérusalem. » Les Drucker sont des amis qui sont devenus religieux. Autrefois, il y a des années, nous fumions ensemble. Aujourd'hui nous parlons surtout des enfants. Ils en ont une ribambelle. Et tous, l'Éternel en soit remercié, sont en bonne santé et charmants. Je tente de gagner furtivement la sortie. Gilad m'a vu entrer. C'est suffisant. Dans une heure, je lui enverrai un texto disant que c'était très bien, que j'ai dû partir sitôt après la projection. Assis près de la sortie, le frère de Gilad me regarde partir. Il a les yeux mouillés de larmes. Ce n'est pas à cause de moi qu'il pleure ; c'est le film qui le fait pleurer. Avec tout ça, je me suis à peine rendu compte qu'on projetait un film. S'il pleure, c'est que le film est vraiment très bien.

Dans le taxi qui me ramène chez moi, le chauffeur n'arrête pas de parler des émeutes en Syrie. Il avoue qu'il ne sait pas trop qui est contre qui, là-bas, mais c'est l'action qui le met en émoi. Il parle, parle, parle, et moi la seule chose que j'écoute pour de bon, c'est son corps. Ce type meurt d'envie de pisser. Quand nous arrivons chez moi, le compteur affiche trente-huit shekels. Je lui donne un billet de cinquante en lui disant de garder la monnaie. Depuis la rue, je vois ma femme sur le balcon terrasse, elle rit avec Dror et Rakefet Drucker. Elle n'a pas un mauvais fond.

Pastrami

La sirène d'alerte aérienne nous surprend sur l'autoroute, roulant vers chez grand-père Jonathan à quelques kilomètres au nord de Tel-Aviv. Ma femme se gare sur le bas-côté et nous descendons de voiture, abandonnant les raquettes et le volant de badminton sur la banquette arrière. Lev prend ma main et me dit, « Papa, je suis un peu inquiet. » Il a sept ans et c'est un âge où on juge « pas cool » de parler de peur. C'est pourquoi « j'ai peur » est remplacé par « je suis inquiet ». Conformément aux règles édictées par le Commandement du front intérieur, Shira se couche par terre sur le bas-côté. Je dis à Lev qu'il faut qu'il en fasse autant. Mais il reste debout, sa petite main moite agrippée à la mienne. « Tu vas te coucher, oui ? dit Shira, élevant la voix pour être entendue malgré la sirène hurlante.

– Et si on jouait au sandwich pastrami, dis-je à Lev.

– C'est quoi, ça ? » demande-t-il, sans lâcher ma main.

J'explique : « Maman et moi, on est des tartines et toi une tranche de pastrami. Le jeu, c'est de faire un sandwich le plus vite possible. Allez ! D'abord, tu t'allonges sur maman », dis-je, et Lev se couche sur le dos de Shira et la serre de toutes ses forces. Je me couche à mon tour sur eux, poussant de mes mains sur la terre humide pour ne pas les écraser. « On se sent bien, dit Lev, et il sourit.

– C'est le rôle du pastrami qui est le plus agréable », dit Shira sous lui.

Je crie : « Pastrami !

– Pastrami ! crie ma femme.

– Pastrami ! » crie Lev dont la voix tremble, d'excitation, ou de peur. « Regarde, papa, dit Lev, y a des fourmis qui grimpent sur maman. »

Je crie : « Pastrami aux fourmis !

– Pastrami aux fourmis ! crie ma femme.

– Beurk ! » crie Lev.

Puis nous entendons l'explosion. Forte mais assez lointaine. Nous restons couchés les uns sur les autres, sans bouger, pendant longtemps. Mes bras qui supportent mon poids commencent à me faire mal. Du coin de l'œil j'aperçois d'autres automobilistes qui s'étaient allongés sur la route se relever et épousseter leurs vêtements. Je me lève aussi.

« Couche-toi, me dit Lev. Couche-toi, papa. Tu démolis notre sandwich. »

Je m'allonge de nouveau pendant une minute puis je dis, « Bon, assez joué. On a gagné.

– Mais on est bien, dit Lev. On reste encore un peu. »

Alors on reste encore un peu – quelques secondes. Maman en dessous, papa au-dessus et, au milieu, Lev, assaisonné d'une pincée de fourmis rouges. Quand nous nous relevons enfin, Lev demande où est la roquette. J'indique la direction de l'explosion. « Au son, on dirait qu'elle a explosé pas loin de chez nous, dis-je.

– Zut, dit Lev, déçu. C'est encore Lahav qui va trouver un éclat. Hier, il a apporté un morceau de fer à l'école, un bout de la dernière roquette avec le logo de la compagnie et son nom en arabe. Pourquoi elle a éclaté si loin ?

– Mieux vaut trop loin que trop près, dit Shira en brossant le sable et les fourmis de son pantalon.

– Le mieux ce serait qu'elle tombe assez loin pour qu'il nous arrive rien et assez près pour que je puisse ramasser des bouts », résume Lev.

Je lui exprime mon désaccord. « Le mieux, c'est de jouer au badminton sur la pelouse de grand-père », et lui ouvre la portière arrière de la voiture.

« Papa, demande Lev pendant que je boucle sa ceinture, tu me promets que s'il y a une autre sirène, maman et toi vous jouerez au pastrami avec moi ?

– C'est promis, dis-je, et si ça finit par nous ennuyer, je t'apprendrai à jouer au toast au fromage.

– Ouais ! » s'écrie Lev. Mais, une seconde plus tard, il ajoute, plus sérieusement : « Et si y avait plus jamais de sirènes ? »

Je le rassure : « Je crois bien qu'il y en aura encore au moins une ou deux…

– Et sinon, conclut sa maman depuis le siège du conducteur, on peut aussi y jouer sans les sirènes. »

Sept jours de deuil

Un beau matin, le frère de ma grand-mère décida qu'il en avait assez d'être religieux. Il se rasa la barbe, coupa ses longues boucles, ôta sa calotte et fit sa valise, bien résolu à quitter sa Baranovichi natale pour commencer une vie nouvelle. Le rabbin de la ville, dont la réputation était celle d'un talmudiste prodigieux, demanda à le voir avant son départ. La rencontre entre Avraham – le frère de ma grand-mère – et le rabbin fut brève et pas franchement agréable. Le rabbin savait qu'Avraham s'était montré doué pour l'étude de la Torah, et sa déception était grande qu'il eût décidé d'abandonner la religion. Mais ce ne fut pas ce qu'il dit à Avraham, auquel il se contenta de jeter un regard perçant assorti de la promesse qu'il ne mourrait pas avant d'avoir renoué avec les préceptes de la Torah. S'agissait-il d'une bénédiction ou d'une menace, difficile à dire sur le moment, mais ces paroles furent prononcées avec une telle conviction qu'Avraham ne les oublia jamais.

C'est pendant la shiva pour la mort de mon père qu'on me fait ce récit. Mon frère aîné est assis à ma droite, et ma sœur sur un tabouret bas à ma gauche. Je lui ai offert ma chaise confortable mais elle l'a refusée. Le protocole du deuil judaïque, que mon ultra-orthodoxe de sœur observe à la lettre, prescrit aux membres de la famille du défunt de prendre place sur des sièges plus bas que ceux des gens venus présenter leurs condoléances. C'est un vague parent, de la très religieuse ville de Bnei Brak, qui est assis en face de nous, et, comme bon nombre de ceux qui nous rendent visite pendant la shiva, il nous apporte plus que le soutien de quelques mots de consolation : il y ajoute cette histoire du grand-oncle qui nous révèle un trait nouveau de mon père, une facette de sa personnalité qui nous avait totalement échappé jusque-là. Je suis d'ailleurs effaré d'en découvrir tant, bien plus que je ne lui en connaissais de son vivant. Et c'est tout aussi effarant de constater que ce sont des inconnus, des gens que je n'ai jamais rencontrés, qui m'aident à me rapprocher un peu de mon père à l'instant même où il nous quitte.

Le parent ultra-orthodoxe de Bnei Brak ne mange rien, ne boit rien et refuse même un verre d'eau. Je n'ai pas besoin de lui demander pourquoi, je vois bien qu'il n'a pas une entière confiance dans notre respect des règles de la cacherout. Il se contente de raconter son histoire. À croire qu'il est venu chez nous en messager, pour déposer comme un présent sur notre seuil une anecdote de plus concernant papa, prononcer avec retenue quelques mots de réconfort et s'en aller. Mais avant de partir, il doit terminer son récit.

Où en étions-nous ? Ah oui, cette rencontre entre Avraham et le rabbin. Des années plus tard, le frère de grand-mère quitta la yeshiva de Pologne pour immigrer en Israël et vivre dans un kibboutz. Il se retrouva au beau milieu d'une guerre épouvantable. C'était en 1973, le jour du Kippour, quand fut lancée cette attaque surprise contre Israël. L'armée fut prise au dépourvu et, pendant les premiers jours de la guerre, tout le monde eut l'impression que la fin de l'État d'Israël et du peuple juif était proche. Le kibboutz d'Avraham subissait un intense bombardement syrien et, alors que des obus explosaient un peu partout, il se leva pour crier à une femme qui s'était couchée par terre non loin de lui de venir le rejoindre. Ce qu'elle fit en toute hâte, et quand, à plat ventre près de lui, voyant qu'il débordait de confiance, elle lui demanda pourquoi elle serait plus en sécurité là où il se trouvait, il lui expliqua qu'aucun obus ne risquait de l'atteindre. « Plein de malheureux vont mourir dans cette saleté de guerre », poursuivit-il, cherchant à calmer la frayeur de cette pauvre femme, « mais pas moi. » Criant pour se faire entendre dans le fracas et les sifflements du barrage d'artillerie, elle lui demanda comment il pouvait en être si sûr, et Avraham répondit sans hésitation, « Parce que je n'ai pas encore renoué avec les préceptes de la Torah. » Tous deux survécurent aux bombardements et, des années plus tard, quand il tomba à la mer pendant une tempête, les sauveteurs le retrouvèrent gesticulant dans l'eau et apostrophant les cieux, « Je ne crois toujours pas en toi ! »

Avraham éleva dans la prospérité une grande famille, et atteignit un âge avancé en plutôt bonne santé, jusqu'à la grave maladie qui allait l'emporter. Quand il perdit conscience, les médecins annoncèrent qu'il ne tiendrait guère au-delà d'un jour ou deux. Mais ce jour s'écoula, suivi d'un autre, puis d'un autre encore et, quelques semaines plus tard, quand papa, en visite dans la famille d'Avraham, apprit qu'il souffrait beaucoup, il s'empara d'un livre de prières et d'une calotte, fila à l'hôpital, s'installa dans la chambre d'Avraham et passa toute la nuit en prière à son chevet. À l'aube, Avraham mourut.

« Ce n'est pas très difficile de prier pour l'âme d'un juif quand on est croyant », déclara ce vague parent en se dirigeant vers la porte. « Je suis religieux et je peux donc vous dire que c'est très facile, c'est comme un réflexe, presque involontaire. Mais pour un homme à l'esprit aussi laïc que votre père... il fallait vraiment que ce soit un saint, un *tsadik.* »

Ce soir, alors que le dernier des visiteurs est parti et que notre mère va se coucher, il ne reste plus que ma sœur, mon frère et moi au salon. Mon frère grille une cigarette en regardant par la fenêtre et ma sœur est encore assise sur son tabouret bas. Nous n'allons pas tarder à aller dormir dans nos chambres d'enfant. Mes parents les ont gardées exactement comme elles étaient, à croire qu'ils savaient que nous reviendrions un jour. Au mur de ma chambre, le poster d'un héros de BD que j'adorais quand j'étais gamin ; dans celle de mon frère, au-dessus du lit, une carte du monde ; et dans celle de ma sœur, une tapisserie qu'elle a brodée quand elle était adolescente. On y voit – comme il se doit – Jacob aux prises avec un ange en longue tunique blanche. Mais avant d'aller nous coucher, nous essayons de profiter de quelques minutes de plus, seuls, ensemble. La shiva se termine demain. Ma sœur rentrera chez elle à Mea Shearim, le quartier ultra-orthodoxe de Jérusalem, et mon frère prendra l'avion pour retourner en Thaïlande, mais jusque-là, nous avons encore le temps de boire le thé, en mangeant les biscuits strictement casher que j'ai achetés pour ma sœur dans une boutique spécialisée, et de savourer toutes les histoires qu'on nous a racontées sur notre père pendant cette semaine de deuil – le temps d'être fiers de papa, sans nous en excuser, sans trace d'esprit critique, comme des enfants.

Table

Première année

Deuxième année

Troisième année

Quatrième année

Cinquième année

Sixième année

Septième année

RÉALISATION : NORD COMPO À VILLENEUVE-D'ASCQ
IMPRESSION : CPI FRANCE
DÉPÔT LÉGAL : MAI 2021. N° 148369 (3042897)
IMPRIMÉ EN FRANCE